4月20日頃が満開でした

授業風景

フレッシュマンセミナー

国立信州高遠青少年自然の家での
フレッシュマンセミナー

仲良くなって

新入生歓迎コンサート

グラウンド前　大学のひまわり畑

模擬授業にチャレンジ

大学南門前 そば畑の中を上高地線が走る

梓乃森祭（大学祭）
教育学部学生によるイベント

学校ボランティア

学校インターンシップ

楽器演奏練習風景

授業風景

CHRISTMAS CONCERT

集団討論

（口絵／写真・構成　増田吉史）

教育学部の教員の思いと研究

# あずさの森の ピタゴラス

松本大学教育学部 編・著

松本大学出版会

# 刊行にあたって

　哲学者・数学者のピタゴラスは、「ピタゴラスの定理」で知られています。しかし、ピタゴラスは、それだけでなく音楽や天文学など多方面にわたり興味のある発見をしています。松本大学教育学部の学生への指導も、教えられる教科だけでなく興味と好奇心を持って自ら学ぶことをモットーにしています。本教育学部は、県内で唯一の私立大学の教育学部です。そんな教育学部にいる教員は、どんなことを思い、考え、研究しているのかを知っていただくために、この本の刊行が決まりました。また、表紙は「ピタゴラスの木」をモチーフにしています。

　長野県でも、長い間、自ら学ぶという姿勢のもと興味と好奇心を育む教育が行われてきました。しかし、一方では、指導案にも授業計画にも書かれない言語化されることの無い隠れた指導内容があるように思います。長野県に赴任して、はじめて小学校での研究授業の参観に行ったときに指導案の中に「揺さぶるような発問……」と書いてあり、もちろん、心を揺さぶるという言葉は知っていましたが、文脈が異なることから、えっ何だろうと思ったことがありました。

　この言葉ではっきりと示されることのない、子どもに影響を与える潜在的な教育効果は「ヒドゥンカリキュラム」と言われています。「隠れたカリキュラム」と訳されることもあります。教師は、それぞれの環境と育ちから独自の「隠れたカリキュラム」を持っています。そして子どもたちにプラスにもマイナスにも影響を与えています。松本大学教育学部では、ここで教育を受けた学生が教師になったときに、彼らが持っているその独自の「隠れたカリキュラム」を発揮して、子どもに良い影響を与えることのできるような経験と知識を与えたいと考えています。

　私自身の「隠れたカリキュラム」として、子どもが大学生になった時に、2つのことするように言いました。一つはクルマの運転免許の取得、もう一つは外国での一人旅です。その後は「金は出すけど口は出さない」

1

と決めました。大学生になったら一切行動に口を出さず、自由にまかせると話しました。もちろん一人旅といっても女の子は半分ツアーのような、ロンドンから出発のコンティキツアーというものでした。このアイディアは中世のヨーロッパで行われていた、成人になった子どもにヨーロッパ中を旅させるという習慣にヒントを得ています。

　日本にも、教育に関連する「隠れたカリキュラム」の一つとして「かわいい子には旅をさせよ」ということわざがあります。若いときに、ある程度の困難を与えることが必要だと言っています。その他にも「獅子は子を谷に落とす」、「鉄は熱いうちに打て」などのことわざもあります。

　松本大学の教員たちも、学生を鍛えることで、彼らが教師になった時「隠れたカリキュラム」を発揮してよい教師になることができるように期待して教育を行っています。そんな松本大学の教育学部を知っていただくためにこの本を作成しました。本の内容は、以下の部分に別れています。

1．教育学部の教員の思いや願い……エッセイなど
2．教育学部ではこんなことをしています……活動など
3．教育学部の教員が今考えていること……論説など
4．教育学部の教員が研究していること……論文
5．その他

　この本が少しでも松本大学の教育学部を知っていただく役に立つように願っています。最後になりますが、この本の企画のチャンスを作っていただいた住吉学長および作成に当たり編集の専門知識をもってご協力いただいた松本大学出版会の柄山さんに心から感謝します。

「あずさの森のピタゴラス」編集責任者

川　島　一　夫（教育学部長）

今　泉　　　博

増　田　吉　史

教育学部の教員の思いと研究
「あずさの森のピタゴラス」

# 目　　次

刊行にあたって／1

## 第1部　教育学部の教員の思いや願い〈エッセイなど〉

第1章　教師という仕事
　　　―45年間教育に携わってきて― ……………………… 今泉　博／8

第2章　教育学部の学生は、どんなことを考えているのでしょうか？
　　　～大学生の質問　かわティブログの質問から考える～
　　　………………………………………………… 川島　一夫／21

第3章　贈られし言葉 ………………………………………… 羽田　行男／37

第4章　「楽都松本」に寄せて～私の好きな音楽～ ……… 安藤　江里／41

第5章　My Great-Great-Grandfather John Cooper Robinson
　　　Lived in Japan from 1888-1925.
　　　………………………………………… MEHMET SEAN COLLIN／51

【和訳】1888年から1925年まで日本で生活した
　　　私の高祖父ジョン　クーパー　ロビンソン
　　　…………………………………… マーメット ショーン コリン／60

## 第2部　教育学部ではこんなことをしています〈活動など〉

第1章　マルタ語学研修＆小学校訪問・プレゼンテーション報告
　　　………………………………………………… 和田　順一／70

第2章　特別活動と学級の人間関係づくり ……………… 岸田　幸弘／77

第3章　松本大学社会進出支援センターにおける就労支援の取り組み
　　　　～特別支援学校高等部生徒の職場実習～ ……… 小島　哲也 ほか／105

第4章　"少年非行と特別支援教育・特別ニーズ教育"
　　　　……………………………………………………… 内藤　千尋／119

第5章　2018年度「基礎ゼミナール」を振り返って
　　　　……………………………………………………… 大蔵　真由美／124


# 第3部　教育学部の教員が今考えていること〈論説など〉

第1章　インクルーシブ教育を担う人材育成 …………… 小林　敏枝／130

第2章　自信をつければ成績も伸びる？
　　　　～自己効力感と学業成績の因果関係の科学的検証研究～
　　　　……………………………………………………… 守　一雄／139

第3章　「百点をつけないテスト」の蔓延
　　　　～学校におけるテストの意義をもう一度考える～
　　　　……………………………………………………… 守　一雄／152

第4章　先生、体育って頭使うんですね！ ……………… 濱田　敦志／158

第5章　「知っている」と「理解している」は違う!?
　　　　……………………………………………………… 佐藤　茂太郎／162

第6章　理科教材の先用後利型サブスクリプションサービスモデル
　　　　……………………………………………………… 澤柿　教淳／173

第7章　日系カナダ人強制収容所について ……………… 大石　文朗／184

## 第4部　教育学部の教員が研究していること〈論文〉

第1章　道徳教育の現状と道徳の教科化、
　　　　「特別の教科　道徳」の今後のあり方
　　　　〜学習指導要領の改訂を通して〜 ………………………… 征矢野　達彦／190

第2章　小学6年生版集団式潜在連想テストの試作と実践
　　　　……………………………………………………… 秋田　真 ほか／203

第3章　大学入門期の論理的文章の書き方指導における
　　　　評価・添削の観点と方法 ……………………………… 國府田　祐子／216

第4章　英語の使役動詞に関する考察
　　　　〜語彙概念構造と概念化者の観点から〜 ………………… 藤原　隆史／236


## 第5部　その他

第1章　松本大学教育学部1期生と奇跡的に出会うまでの
　　　　増田の教育関係の軌跡 ………………………………… 増田　吉史／252

【著者紹介】
小学校社会科「みんなにやさしい」価値判断の授業方法
　　　　………………………………………………………………… 秋田　真／260


執筆者紹介／262

あとがき／268

# 第1部
# 教育学部の教員の思いや願い

## 第1部　第1章

# 教師という仕事
## ― 45年間教育に携わってきて ―

今　泉　　博

## ◇もしかしたら教え子かも

　直感どおり、やっぱりそうなんだと驚いた。

　正月明けに大学に出勤し、自分のポストを覗いてみたら、日本私立学校振興・共催事業団の共済事業編集本部が編集・発行されている「レター　2019・1月号」（vol.125）という冊子が届いていた。表紙のInformation の中に、「世界の教育現場から　グローバル化の一方で初めて異文化に触れる子どもたちと」というタイトルの記事があったので、何気なくそこを開いてみた。すると、「発見がいっぱい！　世界の教育現場から」「アメリカ　グローバル化の一方で初めて異文化に触れる子どもたちと」とタイトルがあり、その下の執筆者の氏名が「山本亜衣理」とあったのだ。もしかして、私が北海道の大学にいたときのゼミ生かもしれないと思った。ページの下の方に、日本風の家屋の中でアメリカの子どもたちと一緒にいる写真が載っている。そこには、まさに山本亜衣理さんがいるではないか。写真のその印象から、学生時代とは違って、見るからに教師として立派に仕事をされていることが伝わってくる感じがした。

　山本さんは地元の北海道で教員になる希望は持っていたが、一回で教員採用試験に受からなかったこともあり、アメリカに渡ったのである。おそらく一発で教員採用試験に合格していたら、海外で教師になるということは無かったのかもしれない。将来の仕事についてイメージしていたことが、壁にぶつかることで新たな可能性が広がっていくものだと感じた。考えてもいなかった方向へ人生が展開していくこともあるのだと

教えられる。願っていたことが実現しないというのはショックではあるが、むしろそれは未知への可能性が広がる、チャンスでもあると捉えることが必要なのだろう。

彼女はこの記事の中で、こう書いている。「私は現在、シカゴ南部ローズランド地区にある二つの公立小学校で日本語を教えています。全米で３番目に大きい街であるシカゴはグローバル化が進んでいますが、すべての地域がそうではありません。私の勤務する学校があるのは、貧困と犯罪が問題になっている地域です。家庭環境に恵まれずなかなか勉強に集中できない子、住んでいる地域から出たことがなく、日本人を見たのも初めてという子が多くいます」と。

山本さんの実践が評価されてのことだろう。昨年９月に国際交流ドリームプロジェクトに招待され９人の生徒を連れて日本に来ていたという。「毎日新しい体験の連続で、目を丸くしていた子どもたちの様子が忘れられません」とその時の状況を伝えている。そして最後に「この地域で日本語を教えるのは毎日が試行錯誤の連続ですが、本当のアメリカを学ぶための貴重な機会です。また大きなチャレンジだからこそ、やりがいを感じています。これからも日本語と日本文化を教えることを通じて、大きな夢を持ち世界に羽ばたく子どもたちを育てていきたいと思います。」と結んでいる。

山本さんが卒業して４、５年になるはずである。異国の地で、はじめてのことも多く、苦労もされてきたことだろう。いまこうして情熱を持って生徒と取り組んでいる姿に触れて、頼もしく感じられる。生徒の教育に生き甲斐を実感しながら、大きな夢を持ってチャレンジし続けている山本さんの今後が楽しみでならない。


## ◇突然訪ねてきてびっくり

教師という仕事をしてきて、うれしいことのひとつは、教え子となにかのきっかけで再会や交流ができることである。

筆者は小学校の教員を33年間ほどしていた。そのあと大学教員を12年

間。合わせて45年間ほども教員をしてきたことになる。教員をしてきて
うれしいことは、卒業してから何年も、何十年もたってから教え子から
手紙やメールを突然いただくことがあることだ。それがきっかけで、教
え子と教師という関係ではなく、同時代を生きる人間としてお会いでき
ることは楽しみのひとつである。

　今は千葉に住んでいる教え子から、電報が届いたときには、驚いてし
まった。電報を開けていくと、音楽が突然鳴り出したのである。文面に
は名前が記されていて、確かに教え子のＳさんからのものであった。小
学校1, 2年を担任させていただいた子だった。低学年の頃の髪の感じや
表情、授業中の様子などが思い出された。それからもう30年近くも経っ
ている。今朝の通勤途中で売店で買った朝日新聞出版から発行されてい
る『アエラ』に先生の記事が出ていて、それを読んだら懐かしくなって、
電報を打ちましたという意味のことが書かれていた。それにしても、音
楽が流れてくるような電報であれば、かなり高い電報になってしまった
にちがいない。恐縮してしまった。

　現場の教師になって最初に4, 5, 6年と担任させていただいた子から、
ときどき連絡がある。たまに新宿などの居酒屋で、一杯飲みながら語り
合うのも楽しい。彼は高校受験でも一度失敗し、大学受験でもうまくい
かず、予備校に通っていた。あるとき彼を激励しようと、家にお邪魔さ
せていただいた。すると彼は大学合格をめざして、文字通りねじり鉢巻
きをして机に向かって頑張っていた。「ぼくは今、受験勉強だけでなく、
さまざまな本を読んでいる」と、机の横に積んである本を紹介してくれ
た。受験勉強だけでなく、文学をはじめ広く学んでいるところがいいと
大いに励まして帰った。小学校の頃、彼は手作りのおもちゃを持って学
校に来ていた。休み時間などそれを使ってよく遊んでいた姿が思い出さ
れる。あるときには、土俵とお相撲さんを紙で作ってきて、土俵の周り
をお互いにたたき合いながら、相撲をとらせるおもちゃなのである。先
に土俵から出てしまったり、倒れてしまった方が負けなのである。側で
見ていても面白いものだった。理科の実験なども大好きな子だった。

　その彼が見事希望の私立大学に合格し、税理士の資格も取得し、卒業

後外資系の会社に勤務したのであった。そしてカリフォルニアに永住権を得て、向こうで生活されていた。ところが息子さんの病気の関係で日本に戻ってきたのである。

　彼は今では英語がペラペラで、アメリカの現地の会社とのテレビ会議でも中心的な役割を担う存在になってきているようだ。オリンピックが近づき、英語に興味・関心が高まってきているだけに、自分がまったく英語を話せなかった段階から、どのようにして英語を話せるようになったかを本に書くといいねと勧めたことがあった。今は外資系の会社で副社長の立場にいることもあり、その余裕がない状況である。いずれ会社を自分で立ち上げたいと語っている。彼からは、そのうちにまた会いましょうというメールが届いている。飲みながら、彼の活躍の様子を伺えることが楽しみだ。

　若い時期に高学年を担当したときの教え子が、訪ねてきたのである。放課後も４時近くのことであった。私は教室で仕事をしていた。するとトントンと入り口の戸をたたく人がいるので、どうぞと言うと、現れたのがＳさんとＫさんであった。卒業してから一度も会っていなかったが、顔を見てすぐＳさんとＫさんであることは、その面影から一瞬にして分かった。私は、すでにいくつも学校を異動していたにもかかわらず、私が異動した学校をひとつひとつ辿ってきてくださったのである。２人はそれぞれとっくに結婚され、40歳を超えていた。「私たちは、今でもしょっちゅうよく電話で話すんです。小学校の時に算数を先生に深く教えてもらったので、中学や高校でも数学については困ることがなかったね」と、今でもときどきそんなことを語り合っているという。Ｓさんは、「理科の授業で、先生が体重計にのって体重を量った後に、500gの牛乳を飲み、体重を量ったら、体重は何キログラムになるかを予想し実験したことが今でも忘れないんです」と語ってくれた。「私は先生の体重に、牛乳の重さ500gがぴったり加わることはないだろう、少なめになるはずだと予想したのでした。ところが実際に体重計にのってみると、《先生の体重＋牛乳の重さ500g》分にぴったしなっていたんですね。人間と牛乳でも質量保存の法則が成り立つことを知って驚きました」と話す。

やはりみんなで議論し、強く印象に残った学びは、何十年経っても簡単に消え去ることはないのだと感じた。

　今から100年以上も前に、スウェーデンの世界的な女流文明評論家として名高かったエレン・ケイが当時の教育について『児童の世紀』（エレン・ケイ 著　小野寺信・小野寺百合子 訳　冨山房）の中で指摘していたことが、今日の日本の教育にも当てはまるような気がする。

　「いまの学校では、どんな結果を生んでいるのであろうか？　それは脳の力の消耗であり、神経の衰微であり、独創力の阻止であり、進取性の麻痺であり、周囲の真実に対する観察力の衰退である」（同上 p.239）

　「教育全体の目的は、学校教育でも同じことだが、試験の点数や成績証明書ではない。こんなものは地球から追放されるべきだ。むしろ目的は、生徒たち自身がまず第一に自ら知識を摂取し、みずから感銘を受け、みずから意見をもち、精神的な楽しみを求めて勉強することであるはずだ。……（中略：筆者）……

　物事はすべての人の記憶から消えるものだが、消え方の最も早いのは、混ぜ物を断片的に茶匙で与える方式である。しかし、教養は幸いにも物事の知識だけではない。極端な逆説に従えば、『すべてを忘れた後に残ったものこそ、本当に学んだものになる。』」（同上 p.294）

　「知識を通して、実在のなかの偉大な関連性、自然と人間生活とのあいだの相互関係、現在と過去とのあいだの因果関係、各国民間及び各思想間の相互関係に対する見方を会得した者のみが、自分の教養を失わずにすますことができる。」（同上　295ページ）

　どういう学びが生涯にわたって、生きた教養として役立ってくのかというエレン・ケイの指摘は、今なお重要な意義がある。


## ◇足を上げふんぞり返っていた子も

　教師をしていて最高の喜びのひとつは、最初は学習に興味を示さなかった子どもたちが、目を輝かせて授業に参加するようになることである。

教師という仕事

　「いじめ・暴力」あり、「仲間はずし」あり、「学級崩壊」状態の６年生を担任する方がなく、私が一年間担当することになったのである。実際担任してみると、想像以上に子どもたちが「荒れ」ていた。廊下側の一番前がＫくんの座席だった。彼は両足を廊下側の壁に上げ、ふんぞり返って座っているのである。いま授業中だからその姿勢はまずいよねという意味のことをやさしく言っても、「うっせー」などと反発してくる状況だった。なによりも大変だったのは、授業が成立しないこと、「いじめ」「暴力」「仲間はずし」が日常的に行われるほど深刻な状況であったことだ。みんなからもっともいじめられていた子が、自殺するような事態だけは、どんなことがあっても避けなければならないと思った。

　授業中に勝手にトイレに行く子、突然「奇声」をあげる子、教室を立ち歩いている子、紙飛行機を飛ばす子、消しゴムを投げ合っている子。取っ組み合いのケンカをする子。それはそれは大変だった。これで一年間担任としてやっていけるのかどうか不安になってしまった。学級が落ち着かないのは、「いじめ」や「暴力」で子どもたちが不安であることの表れだと感じられた。誰かが声を上げると、次々おしゃべりが始まるのもそのことを示していた。友だちから孤立することを恐れ、友だちとかすかにでも繋がっていたいという気持ちが、おしゃべりという形で表現されているように思われた。

　子どもたちが落ち着いて授業に参加するようになるには、「いじめ」「暴力」「仲間はずし」などの問題を解決することが不可欠だった。教師が個人的に呼んでいじめている子を叱ったり、指導したりしても解決しない。なぜなら「いじめ」の問題は「関係の問題」だからである。どうしても学級全体で話し合わなければならない。しかし話し合えるような状況ではない。話し合わなければならないが、話し合えない。この矛盾をどう解決するかで「紙上討論」を思いつき、実践したのであった。５月下旬から２週間ほど、朝の10分間ほどをとって１日も休まず、取り組んだのであった。その甲斐あって、あの騒然とした状況がなくなったのである。６月上旬には、子どもたちから、授業中に小鳥のさえずりが聞こえてくるほど静かに学習できるようになった、いじめ暴力がなくなっ

13

たので、安心して生活できるようになりうれしいという声が届く。なによりもうれしかったことは、もっとも「いじめ」られていた子が生き生き生活し、授業中も積極的に学習に参加するようになったことである。

　子どもたちと取り組んでみて、「『荒れ』ている学級ほど変革のエネルギーが秘められている」というのが実感である。「荒れ」ていればいるほど、いじめ・暴力は嫌だ、みんなで仲よく学び・生活したいという要求も一方で高まる。それを引き出しさえすれば、どんな学級でも急速に変わっていく可能性がある。どんなに学級が「荒れ」ていても、教師は諦めないことである。一見不可能と思われるような課題に、子どもたちと共に挑み解決したときの感動は忘れられない。「荒れ」た子どもたちから、教育の本質的なことをどれだけ教えられたことか。《現実の教室》は、教師にとって《教育学の大学院》である。

　「いじめ」「暴力」「仲間はずし」などがなくなり、落ち着いて学習できるようになると、子どもたちも、教師も授業が楽しみになってくる。文字通り全員が参加して授業ができるようになったのである。ついこの間まで、「荒れ」ていて授業中に勝手なことをしていた同じ子たちかと思うほどである。

　　＊「いじめ」「暴力」「荒れ」克服の実践について深く知りたい方は、拙著『崩壊
　　　クラスの再建』（今泉博・著　学陽書房）を参考にしてください。


## ◇深い学びに飢えている子どもたち

　この子どもたちとの今でも忘れられない授業がある。はじめて授業らしい授業ができたからである。

　私が家にあるものを紙袋に入れて持っていったのである。「きょうはこの袋に入っているものをもとに算数を学習していきます」と話すと、子どもたちの目は、その袋に注がれる。子どもたちは、一体その袋に何が入っているのか知りたくて興味津々なのである。黒板に、きょう授業で何を学習するのかを書いているわけではない。まったく未知だからこそ、子どもたちの目が輝き出すのである。まだまだ《教えたいことを教

えてしまう授業》が多い。それでは、思考力も判断力も育っていくことは困難である。授業の本質は、基本的には《教えたいことを教えない》ことである。それでどうして学習の課題や物事の本質にたどり着けるのか？ それは一定の事実や資料などをもとに、想像・推理しながら対話・討論を積み重ねていくことで、学習の課題や物事の本質にたどり着くことができるのである。そのプロセスのなかで、思考力も判断力も表現力なども育っていくのである。

　最初に白い容器を袋から出して見せると、「植木鉢などの受け皿じゃないか？」「プリンの容器」「ゼリーの容器」などという声が返ってくる。底の模様を見せると知っている子がいて、「それはカマンベールチーズの容器だ」とあてた。

　次に紙袋から新聞紙に包んだものを出す。子どもたちは、紙包みの大きさから何かを想像・推理していく。「湯飲み茶碗でしょ」「近いけど違います」「コップ」「とっても近いです。みんなのおうちの人でこれをよく使う人がいるんじゃないかな。私も、これを使って飲むのが好きです」「グラス」「ワイングラス」「そう、ワイングラスだよ」と言って新聞紙からワイングラスを出す。文字通り全員が集中して授業に参加している。

　「次のものは重いものなんだけど……」と言いながら、紙袋に手を入れると「先生、それつけものの重石でしょ」という声。「確かにつけものの重石のかわりにもなります」「鉄でできているの？」「そう」「筋肉を鍛えるダンベル（アレー）でしょ」と、子どもたちは容易にあてた。そして最後に花瓶を出す。

　いま出した4つのものを黒板のところの前に並べ、その略図をそれぞれのものの上に書いた。そして「実は、これらのものに共通して言えるものがあるんだけど、なんだろうか？」と言うと、共通ということがぴーんとこないような表情をしている子たちがかなりいた。予定通りいかないところが授業のおもしろいところでもある。そこで、《共通》ということはどういうことかとらえさせるために、たまたま側にあったホチキスとノリとサインペンの三つのものを取り上げた。「この三つはそれぞれちがうけど、どれにも同じような点があるでしょ」と質問した。すると

子どもたちからは、「材料が同じ」だという意見が出された。「藤田くん、材料に注目したところがいいね」「ほかにあるかな?」「先生、それはどれもくっつきます」「沼田くん、すごい意見だね。サインペンがものに書けるということは、くっつくと考えることが確かにできるね。もし砂粒みたいなものなら、くっつかないから落ちてしまうよね」「ほかにまだありますか」「先生、使えばどれもなくなります」「量に注目したところがさすがだね」と授業を進めていった。

「それじゃ、今黒板の前に並べたものに共通しているものはなんだろう?」

するとかなりの子どもたちが気がついたらしく、「真ん中に線を引くと、左と右の形が同じになる」という意見が出された。永田さんは「チーズの円い容器はいくらでも線が引ける」こと、「中心を通る線は、どれも容器を同じ形に分けることができる」ことを見つけた。そのうちに沼田くんが、「同じ形にならない場合がある。中心を通らないような線を引くと、同じ形にはならない」と発言。「そうだね、ひとつの考えが成り立つ場合を考えることも大切だけど、その考えが成り立たない場合の条件を考えることもとってもだいじなんだよ」と話すと、沼田くんはうれしそうな表情をしていた。「いまみんなが発見したように、左と右、あるいは上下が同じ形になるようなものを線対称な形といい、この線を対称軸という」ことを確認して授業を終わった。

45分間、子どもたちは集中して学習に取り組んだ。マンガを読んでいる子も、おしゃべりをしている子もほとんどいなかった。ついこの間まであの「荒れ」ている子どもたちが、こんなに集中して学びだしたことに驚いた。一見学ぶ意欲に欠けているように見えた子どもたちが、深い学びにこんなに飢えていたことを実感させられれた。私も授業をしたという実感を得ることができた。このような授業を続けたならば、子どもたちはきっと大きく成長を遂げていくにちがいないと思えた。

　＊線対称についての授業の部分は、『岩波講座3　現代の教育　危機と改革』(佐伯胖 他編著　岩波書店)に書いた「『荒れ』からの出発―自由な雰囲気でわくわくと学ぶ授業づくり」(PP.225-228)に少し加筆・修正して紹介させていただいた。

## ◇学びには想像・推理が不可欠

　事実この頃から、子どもたちの学ぶ姿勢は大きく変わる。子どもたちは、ほんのわずかの事実から推理・想像しながら、対話・討論を積み重ねて、歴史の真実に迫っていく授業が大好きになったのだ。当初は、教室の廊下側の壁に両足をあげふん反り返って座っていて、注意すると「うっせー」と反発していたあのKくんなども、まるで変わったのである。しっかり椅子に座り、真剣に学習できるようになったのである。運動会の練習などで、急に社会科の授業ができなくなると、私のところに彼をはじめ何人かの子たちが「抗議」に来て、「どうして社会の授業ができないのか」「もしどうしても変更するのであれば、いつ社会の授業をするのかはっきり言ってください」と迫るのである。それほど、推理・想像しながら学ぶ歴史の授業が面白くなってきたのである。

　もちろん最初から子どもたちも私も楽しく深く学習できる歴史の授業をできたわけではない。私は小学校でも中学校でも高校でも、歴史の授業は嫌いであった。年号などを暗記し覚えることが苦手だったからだ。それに、ただ一方的に教師の話を聞き、板書を黙々と写すような学習は魅力がなかった。そういう授業しか受けてこなかっただけに、教師になって社会科、とりわけ歴史の授業は一番苦労した。しかしどうしても指導しなければならない。そんなことから、たまたま『日本の歴史 全10巻』（家永三郎・編　ほるぷ出版）を読んでみたのであった。そのときの感動は忘れられない。歴史ってこんなにもしろく、深い世界なんだということを実感した。

　それ以来、授業の度に資料をかなり準備して臨むようにした。ところが資料をしっかり準備すればするほど、授業がうまくいかず、壁にぶつかることになる。なぜなのか解らない。その時期がしばらく続く。そしてやっと気づいたことは、自分の今までやってきたことは結局「教えてしまう授業」であった。遠い過去のことは、教えなければ子どもたちは解らないのではないかと思っていたのである。未知のことを、わずかの事実から、想像・推理しながら、真実や本質を探っていくことが歴史を

学ぶおもしろさのひとつである。ところがある時点までは、本質を捉える上での想像や推理の果たすとてつもない役割を認識していなかったのである。　どんなに距離が離れていても、何億年前のことでも、どんなに分厚い壁があったとしても、想像・推理によって、時間・空間を超えてどこにでも行き着くことが可能になる。想像・推理は事実が多くなると萎んでしまう。逆に事実が少なくなればなる程、想像・推理は膨らむ。資料をいっぱい用意することは、子どもたちが想像・推理することを、かえって妨げることになることに気づかされたのである。事実と推理・想像の関係を意識することで、授業は大きく変わっていった。子どもたちが目を輝かせ、生き生き発言するようになったのである。想像・推理することで、子どもたちの集中は自然に生まれる。子どもも教師も、授業が楽しみになっていくのである。もちろん想像・推理することは、歴史の授業だけではない。あらゆる教科で欠かせない。子どもたちが主体的に参加したくなる授業は、教材や授業の構成を想像・推理が生まれるようにすることで可能になる。「教えたいことを教えない」授業は、想像・推理、対話・討論を積み重ねることで、授業の課題や物事の本質にたどり着くことができる。


## ◇学問や文化と深く触れ合う仕事

　教師を目指す人にとって、学ぼうとする意欲さえあれば、苦手な教科があるからと言って、それほど心配する必要はない。かえってプラスに作用することが少なくないからである。これまでの学校教育で、その教科のおもしろさ・深さを体験しなかっただけにすぎないことが多い。したがって、あらためて苦手だった教科について深く学べば、こんなにおもしろい教科だったのかと実感することも少なくない。

　なぜ分数のわり算では、後の方の分母と分子をひっくり返してかけるのか、私はずうっと解らなかった。機械的に計算をして答えは合っていても、こんなことして何の意味があるのかと思っていた。ところが、教師になって小学校高学年を担任することになった。分数同士のわり算を

指導することに迫られる。算数・数学教育について深く学ばざるをえなかった。そして「なぜひっくり返してかけるのか」が解ったときには、算数・数学のすごさに驚いた。本格的に自分自身が算数・数学を学び直さなくてはならないと強く感じた。子どもたちがおもしろく深く学べる算数・数学教育をめざすきっかけになったことも、意味が解らないことがあったからだ。苦手なことやよく解らない教科であっても、深く学ぶことで新たな発見がある。このことが教師としてオリジナルな授業を創っていくことに繋がる。教師という仕事は、学問や文化と常に触れていてこそ成り立つ仕事である。

　学問・文化と言えば、思い出すことがある。新卒で現場に入って、数年して6年を担当したときのことである。算数の時間に「円とは何か」が問題になった。一方の子たちは、「辺や角がひとつもないもの」が円だと主張する。それに対して、もう一方の子たちは「辺や角がたくさんあるもの」が円だと語り譲らない。その理由として、例えば四角い板でまん円な板を作ろうとするときに、ノコギリあるいはナタで角を直線で切っていく、それを何度も何度もくり返していくと、だんだん円になっていく。だから、辺や角がいっぱいあると考えてもいいのだと主張する。かなり議論してから「円とはなにか」をあらためて聞いてみると、「辺や角はいっぱいあるけど、辺や角がひとつもない」というのが円だということになった。そのあと、円の面積の公式などはまったく使わず、円の面積にさまざまな方法で迫った。

　そのときの印象が、私にも強く残っていた。その授業から40年近く経って、たまたま『数学がわかるということ』（山口昌哉・著　筑摩書房）を読んでいたら、「ギリシャの幾何学者たちは、『円は無限の辺を持つ多角形である』というようないい方は決してしませんでした。ここが15世紀のクザーヌスとギリシャの人たちとのちがいであり、クザーヌスの大胆さでもあるわけです。クザーヌスのあと、この方面の西洋での進歩はめざましいものがありました」（P.130）と記されている。円と関わって無限についての認識が深まり、その後の数学の発展に繋がったというのである。

当時の子どもたちの議論が、数学の発展の歴史と重なることを知って驚いた。それは数学史を学ぶことの重要性を実感する機会でもあった。授業をしていると、子どもたちの問いや疑問から、深く考えたり調べたりしなくてはならないことがいろんな教科で起こる。それは教師にとって、学問や文化と深く触れ合うことのできる楽しみな時間でもある。

## 第1部 第2章

# 教育学部の学生は、どんなことを考えているのでしょうか？
## ～大学生の質問
##   かわティブログの質問から考える～

川　島　一　夫

## 1．大学生はこんな質問をしてきます。

質問1．先生はゆとり教育についてどう思いますか。あれは失敗だったと思いますか。ゆとり世代の私たちはやはり他の世代に比べてあほですか。

答：私は、ゆとり教育もある程度の詰め込み教育も反対ではありません。ゆとり教育が適している年齢と内容もあるし、教え込まなければならない年齢と内容もあると考えているからです。ですから、皆さんがゆとり教育の時代であるならば、その部分では、良い教育を受けたと言えると思います。

追記：問題なのは、どちらかの方が正しいとか良いとかという偏った主張をすることなのです。

質問2．遠距離恋愛を長続きさせるには、どうしたらいいですか？

答：適度に定期的に連絡を取ることと、会ったときにマンネリ化しないようにすることかな。後は、お互いに、電話などでもいいので、話を聞いてあげることだと思います。

追記：人間は、イメージで生きているので、つき合っていると相手についていろいろ考えます。そして不安にもなります。そう考えると、相手を信頼することが一番大切です。大学生になるとお互いに異なる時間にいろいろな事情ができることになります。お互いに、相手の事情

をくみ取って（くみ取りすぎてもいけませんが…）理解することです。これは、結婚して夫婦になっても同じです。いくらつき合っているといっても、それぞれに相手の状況や活動のさまたげにならないようにつき合うことが大切なのです。

質問３．子どもの将来は自分で選ばせるのが正しいと考えています。先生は、自分の子どもの将来をどのように考えていましたか。また、小学校や中学校から、私立学校に入れることは、子どもにとっていいことなのでしょうか。なぜ、公立でなく私立に入れる親がいるのでしょうか。

答：私自身の親もそうでした。親は子どものことを考えて、受験をしなくてもすむし、確実に大学に入れるし、自分の仕事の後をとってくれれば、一生楽に生きていけるだろうと考えて、小学校や中学校から、私立学校に入れることを目指す親がいます。特に、中小企業の社長などで子どもに自分の会社を継がせることを望んでいる場合に多いようです。…私自身も、親は自分のやっていた仕事の跡を継ぐようにと考えて、中学校から大学までエスカレーター式の私立学校に入学させられました。でも、結局、他の大学の大学院に行き異なる仕事についています。そう考えると、子どもの仕事を親が決めるのは難しいような気がします。その一方で、アイススケートの選手やバイオリニストなどは、小さなころから親が、道具をそろえ、環境を整え、練習やレッスンをさせていかないと一流になることは難しいのです。

## ２．大学生は、このような質問をしてきました。そんな、大学生の質問を通して、いろいろ考えさせられました

　本稿は、2006年頃から始めた「かわティぶろぐ」の中から、授業に関連するレポートの中で大学生がどのような疑問を持っているのか、どのように問題意識を持っているのかを考察するために、学生の質問を選び出し回答を行ったものです。筆者自身の回答についても、それを書いた

当時と現在とでは意見が異なる場合は、さらに付け加えた部分もあります。私の担当している授業は「生徒指導概論」、「発達心理学」、「教育相談」、「教育と発達」でした。

　それを見ると、確かに意見や考え方というのは、大人になって変化してゆくものだと感じられます。考え続けるということは、一貫性に欠けるということになるかもしれません。自分自身の子どもへの教育に対する考え方も、何度か転換期があった気がします。長男が中学生だったころ、あるアメリカ人と、はじめは税金についての話で、私の母は税金が高くていやになる少しでも安くできないものか。と言っていると話したところ、彼女は、自分の高収入の友達で税金をたくさん納めたいから一生懸命働いている人がいるという話をしてくれました。そこから話がすすんで子どもの教育についての話になり、子どもを育てることは、子どもが偉くなって子ども自身が良い生活をできるようになるためと考えて教育するのでなく、子どもが大人になって社会のために役に立つことができるように育てることが、その子どもにとっても、育てた親にとっても大切なことだということでした。確かに、自分ひとりが偉くなり金をもうけることができても、そのお金を一緒に使うことできる家族や認めてくれる友人がいなければ幸せな人生であるとはいえないでしょう。逆にそれほどの収入がなく社会的地位もないとしても、周りの人から感謝され、尊敬されるのであればその子どもにとっての一生は楽しいものになるに違いありません。

　そう考えると、**子どもを育てるということは、学校教育も含めて子どもを社会に役立つ大人にすることなのだ**と思います。社会に役に立つということは、職業に貴賎がないことにも通じます。農家の人も、八百屋さんも、ユーチューバーも、医者も大学の教員も、他の人の役に立っている自分自身もさらに他の人の役に立っていると考えることのできる仕事をすることが、良い大人にする教育なのだと考えます。

　子どもの教育について考えてみると、誰でも、はじめて自分に子どもが生まれた時、この子どもがどんな大人になってほしいかを考えるでしょう。それは大金持ちになってほしいとか大会社の社長や大臣（最近

は少ないかもしれませんが）など、子どもを優秀な有名な社会的に成功するような子どもにしたいと思うことでしょう。さらに、2、3歳になると、うちの子どもは天才だ！などと親ばかになるほど、子どもの発達は目を見張るものがあります。しかし、いくら予想をしても実際には、遺伝的要因が大である部分と、環境要因が大である部分があります。ですから、この子は父親似だとか○○が母親に似ているというだけでは、どのような子どもになる子かは判断ができません。そのように、**子どもを長い目で見るという考え方を基礎に**大学生の質問に答えてきました。

## 3．大学でのディベートと討論について

　学生の質問は、課題としての読書感想レポートの中で行われます。そして、一冊の本を読み終わり、共通の問題を個人として考え、レポートとしてまとめた後に、グループでの討論が行われます。その討論は、ディベートでなく、自由討論を行います。なぜ、はやりのディベートでなく、討論を行うのかについてもかわティブログで答えたことがあります。

### 1．なぜ先生の授業では、ディベートでなく、自由討論を行うのですか

　大学のいろいろな場面でディベートが行われているようです。そのほとんどがアメリカの授業でのディベートをまねて取り入れていることが多いようです。しかし、私は日本の大学の授業でディベートを、そのままとり入れることに反対です。理由は2つあります。まず、第一に、日本の教育課程では、人と争うことや争った後の処理の仕方を学習してきていないからです。ディベートは、ある意味ではゲーム感覚の部分もありますが、やはり、勝ち負けを決めるのですから、真剣に行い、勝ったとしても負けたとしても相互に称え合う習慣を身につけていないとスムーズにいかないと考えるからです。第二には、日本では大学生になっても、自己の意見をはっきりと持っていないために、ある特定の立場で発言すると、それが、そのまま、その学生の意見になってしまう可能性があるからです。もちろん、大学生なのだからそのくらいできないと困

るという意見もあるとは思いますが…

そこで、私の授業では、以下のルールを作っています。

1）はじめに、今日の自由討論の司会者を決める
2）ディベートではないので、論争したり他の人の発言を妨げたりしないようにする
3）グループは共同して、よりよい答えを探す方向で討論する
4）一人の人が多くしゃべってしまわないように司会者が調整する
5）討論の内容は、1200字程度の感想文とする。そのためにメモを取っておいた方がよい。
6）時間内で、すべての項目はできなくてかまいません。

## 4．大学生の質問の内容を分類すると

「生徒指導概論」、「発達心理学」、「教育相談」、「教育と発達」等の授業の中で、大学生の質問を分類すると、およそ次のように分かれます。

1）子どもの家庭でのしつけに関する質問
2）学校と教師に関する質問
3）不登校に関する質問
4）いじめに関する質問
5）ネットやコンピューターに関係する質問
6）大学生の悩み：自分自身についてと恋愛や人間関係
7）発達と発達障害に関する質問
8）それ以外の質問

以上のような項目から、1）「学校と教師に関する質問」、2）「子どもの家庭でのしつけや塾に関する質問」、3）「ネットやコンピューターに関係する質問」、4）「その他の質問」を抜粋して大学生の質問を見ていきたいと思います。

## 5．学校と教師に関する質問

**質問Ｇ１．ゆとり教育のメリットを教えてください。**

　小学生、中学生、および高校生の基礎的な学力について、今後順次指導要領が改訂され、脱「ゆとり」が図られると思われるが、このことがもたらす子どもたちの間における学習への取り組み方の変化について、川島先生はどのようにお考えになっているのか。

答：私は、ゆとり教育も詰め込み教育も、両方とも必要だと思っています。内容にもよりますが、小学校低学年までは、勉強の仕方を教えるという意味で、詰め込み教育の方が重要だと思います。小学校高学年からは、ゆとり教育で、自分で考えて勉強することを教えたらいいと思っています。さらに内容も、数学で言えば、計算力をつけるのは、詰め込み式のドリルが必要で、幾何のようなじっくり考える内容では、興味を持たせることを中心に考えたらいいと思っています。どうも、すぐに、どちらがいいかというと、他方はダメということになりやすいのですが、教育場面では、さらに、子どもによっても、詰め込みとゆとりを使い分ける必要があると思います。

**質問Ｇ２．先生は教育格差のある社会とない社会、どちらが理想的だと思いますか？**

答：どちらも、良い部分と良くない部分を持っているでしょうね。どちらかというと、日本やアメリカは人間が生きてゆく中で格差ができる国、ヨーロッパやインドは生まれたときから格差のある国という印象があります。結局、格差の無い社会はありえないのかも。理想的かどうかと、言われても、どちらも一長一短ですね。それなりに意味があると思います。

追記：この質問の場合、教育格差というのは、学校教育の格差ということを言っているのだと思います。しかし、子どもの教育は学校教育だけでなく、家庭教育がどのように行われるかの格差も問題になります。家庭教育が適切に行われるためには、親の知識と子どもの教育に

ついて広い理解が深く関わってきます。そのためには、親自身がどのような教育を受けたかが影響するでしょう。そう考えると教育は、50年、100年先の社会を目指して行われるということが理解できます。

**質問Ｇ３．日本の教育制度は外国のものと比べられ、ここが良くないと言われることが多く日本の教育制度の良さがよくわかりません。日本の教育制度の良さとは具体的にどのようなところなのでしょうか？**

答：どうも、日本を外国と比べると、いつまでも島国根性と劣等感を持っているらしく、外国をすばらしい、日本はだめだという、大学の先生方がいるのですが、私は、日本は日本なりの良さを持っていると思っていますし、そんなに比較をしても意味がないと思っています。もちろん、参考にするのはいいと思いますが、日本の組織化された、どこへ行っても同じ教科書を使い、子どもたちを均一のレベルまで引き上げようとするのは、他の国にないことだと思います。まあ、それが、デメリットになることもありますが、日本の独自性なのだと思います。

…追記：確かに、いつまでたっても、教育に関しては、欧米への賞賛が絶えませんね。また、反対に日本が一番いいのだという意見もあります。人間関係だけでなく、国の関係も「人は人、自分は自分だけど仲良し」が「外国は外国、日本は日本、だけど仲良し」になるといいのですが。

**質問Ｇ４．つめこみこそ真の教育だと思いますか？　ゆとり教育には賛成ですか。**

答：私は、つめこみもゆとりも場面によって、子どもの状況によっては両方必要だと思っています。なぜ、どちらかに決めないといけないのかわかりません。例えば、計算力をつけることと、文章題を考えるのとでは、教え方が異なります。詰め込み式で、時間を決めて毎日行うのと、興味のある課題を与えて考えて解答できたときに達成感を得る

のでは教え方に違いがあるのです。

## 6．子どもの家庭でのしつけや塾に関する質問

質問Ｓ１．先生はお子さんに小さいころからテレビを見せていました
　　　　か。どんなテレビを見せていましたか。なにかルールのようなも
　　　　のは決めていましたか。

答：内容は、こだわりませんでしたが、テレビゲームは、一日30分、テ
　　レビもテレビゲームと同じように番組を決めて見る権利を家族が一人
　　一日30分と決めていました。４人家族ですので、最大２時間まで見る
　　ことができるようになっていました。時々、その日の権利の貸し借り
　　が行われていました。

質問Ｓ２．先生は、子どもの成績を見なかったし、結婚にも関与しなかっ
　　　　たとおっしゃっていたが、もし子どもにあまり干渉しなかったせ
　　　　いで、子どもが社会的に悪い人になってしまうという心配はな
　　　　かったのか。それとも、成績以外には関与していたのか。

答：成績以外は、関与していました。門限もありましたし、毎日のノル
　　マもありました。毎日のドリルとピアノ練習、週一回の水泳と、年間
　　10日のスキーなどです。高校生の終わりまでは、続けていました。結
　　局、他の子どもと比較して勉強ができるというのでなく、その子ども
　　が一生を通して楽しく上手く生きるために必要なことをノルマとして
　　決めていました。

質問Ｓ３．私の通っていた塾では学校の中間テストや期末テストの対策
　　　　として勉強を教えていますが、学校の勉強だけでは足りないと考
　　　　えているのでしょうか。

答：そうですね。確かに、中学校や高校では、受験の内申書のために中
　　間テストや期末テストの点が高い方が受験に有利であると考えられて
　　います。そのために、少しでもいい点をとろうとするのでしょう。私

は、自分の子どもの中間テストや期末テストでの点数にあまり関心を
持っていませんでした。それどころか通知表も見ませんでした。いま
でも、どのくらいの成績だったのか知りません。また、テスト勉強を
するのはいけないことだと教えていました。というのは、子どもが中
学校１年生の６月頃の中間テストの前に、今日から３日間テスト勉強
の期間だからと言って学校から早く帰宅したのです。そこで、子ども
に聞いてみると、学校で先生が試験勉強をして、中間考査でよい点数
を取れというのだそうです。そして、子どもは３日間試験勉強をして
満点に近い点数をとってしまいました。えっ！それじゃあ、学期の初
めから３日ごとにテストをしないと意味がないのでは？　といったの
です。どうでしょうか？

**質問Ｓ４．子どもたちの人間関係をよくしていくために、どんな指導が**
**有効的だと思いますか。（ゲーム、勉強、教育、習い事何でもいい**
**です）**

答：いろいろな場面を経験させるとことだと思います。特に、自分で考
えないと解決のできない、葛藤場面に出会うことが大切だと思いま
す。結局、子どもは、苦労をしないと自分で考える力はつきません。
かわいい子には旅をさせよ。獅子は子を谷に落とす。艱難、汝を珠に
す。辛いことは、子どもを育ててくれるのです。クレーマーの親は、
せっかく子どもが成長するチャンスをつぶしているのかも…。私は、
辛いこと嫌なことがあると、これで、また少し成長できると考えます。

**質問Ｓ５．先生は子どもに対しての性教育を家庭で行ったほうがいいと**
**思いますか？それとも学校で行ったほうがいいと思いますか。**

答：私は、性教育は、そんなに露骨にする必要がないと思っています。
必要なのは、自分以外の異性の性を尊敬するという態度だと思ってい
ます。性教育は、生物学でなく、男女がお互いに尊敬することを教え
ることの方が大切だと思っています。ですから、親の態度を含めた家
庭での、夫婦がお互いに尊敬しているかとか、学校で、男だから女だ

からというだけでの決めつけをやめるとかの両方が必要だと思います。

質問S6．先生は早期教育に賛成ですか？反対ですか？

答：早期教育の内容と教育の仕方によると思います。子どもが大人に
なったときのことを考えて、たとえば、音楽を好きにさせたいために
楽器を習わせるのはいいと思います。いけないのは、他の子どもと比
較して何かをできるようにさせたいという気持ちをもって早期教育を
することです。また、早期教育も、長い目で見て、一生を通してでき
るようになれば、あるいは好きになるのであればいいという目で見る
のであれば悪くはないと思います。

質問S7．先生は、塾の先取り学習についてどう思いますか？

答：私は、学校の成績を少し上げるための勉強には賛成しません。子ど
もにとって必要なのは将来に必要な実力です。試験ができたからと
いって実力がつかなければ、大学受験にも受かりません。でも、多少
の先取り学習は、子どもが学校で自信がつくのでいいかもしれません
が、そんな自信は、相対的なもので、何かあるとすぐに崩れてしまい
ます。だんだんと自信がついてくるような育て方をすることが必要で
す。

質問S8．こども相手に「やってもできないことがある」と言うのは、
なかなか酷な気がしますが、早めに現実を知るために言うべきで
しょうか。それとも親の心持ちの問題でしょうか。

答：私は、自分の子どもには、小さな時から、もう少し大人になったら
できるようになるよと言ってきました。できないと思わせるよりも、
常に希望を持つようにさせた方がいいと思います。

質問S9．川島先生は何か習い事をしていましたか。またご子息、お孫
さんについてどうしてきたか、これからどうしていくのか教えて

いただきたいです。

答：私は、小学生の時にピアノを習っていましたが、中学生になる前に
　　やめてしまいました。その反省から、自分の子どもには、習い事は、
　　高校を卒業するまでやめないという約束で始めさせました。水泳と
　　ピアノとドリルは、高校生の３月まで、続けていました。孫のわかなちゃ
　　んにもそうしてほしいと思っていますが、私には口出しはできませ
　　ん。


## 7．ネットやコンピューターに関係する質問

質問Ｎ１．現在は小学生から携帯電話を持たせることが多くなっていま
　　　　　すが先生はどのくらいの年齢から持たせるのが適当であると思
　　　　　いますか？

答：年齢で一律に決めることはできないと思います。


質問Ｎ２．先生は小中学生に携帯を持たせるべきだと思いますか？思い
　　　　　ませんか？またそれはなぜでしょうか？

答：それは、どちらでもいいです。そのような、○○べきだという発想
　　は、おかしいと思います。必要な子どもは必要だし、いらない子ども
　　に持たせるとろくなことはないと思います。また、私は、家に帰って
　　きたら、親が預かるくらいの約束をした方がいいと思います。費用は
　　親が払っているのですから、親がチェックをする義務があると思いま
　　す。


質問Ｎ３．今の社会では子供が携帯電話やスマートフォンを持つことが
　　　　　どんどん当たりまえになってきていますが、安全面からも学校に
　　　　　持って行ってほしい保護者も多くなってきていると思います。私
　　　　　は、何かと物騒なこともあるので、学校に持ってくること自体を
　　　　　禁止する必要はないと思いました。この携帯電話の問題につい
　　　　　て、先生はどのようにお考えでしょうか？

31

答：その通りだと思います。一番、大切なのは、親や教師が、その内容
　　をどのようにチェックするかです。金さえ出して、買い与えればそれ
　　で親の役割が終わりだと考えている、親の意識を変えることが必要で
　　す。

質問Ｎ４．先生は、小学生や中学生が携帯電話を持つことについてどの
　　　　ように考えますか。私は家庭の事情にもよると思うけど、トラブ
　　　　ルに巻き込まれるリスクを高める必要ないと思います。

答：以前も、話しましたが、高校生までは（親が、子どもに何があって
　　も任せられると考える年齢まで）、親が子どものケータイをチェック
　　するべきだと思っています。基本的には、学校から帰ってきたら、親
　　に渡すというのがいいと思っています。子どもがケータイに依存する
　　前に、人間関係の基本は、目と目をあわせて、相手の顔を見て話をす
　　ることで多くの情報を得ることを練習させなければならないと考える
　　からです。逆に言うと、ケータイに依存しないことで、他者との微妙
　　なふれあいを学ぶことができるのです。特に、恋愛は、相手をしっか
　　り見て、相手の気持ちをくみ取ることができないと成立しません。あ
　　なたは、彼氏、彼女の顔をしっかり見て話をしていますか？

質問Ｎ５．先生はインターネットには子どものためにフィルタリングが
　　　　必要だと思いますか。

答：年齢によっては使い方を限定し、親がチェックをするのと同時に
　　フィルタリングも必要だと思います。また、中学生までは、親と同じ
　　パソコンで、いざというときには、親が履歴を見ることができるよう
　　にしておいた方がいいと思います。現在の親の多くが、関わりが少な
　　すぎ無責任な気がします。

質問Ｎ６．メディアが子どもたちに悪影響を与えるといっても、メディ
　　　　アなしの生活を送ることはもはやできません。では。どうやった
　　　　らメディアとうまく付き合っていくことができると思いますか？

教育学部の学生は、どんなことを考えているのでしょうか？

答：いくつかのポイントがあると思います。まず、小学校までは親と一
　緒に楽しむという態度が必要です。そして、親も子どもの興味を持っ
　ていることを知っておくのがいいと思います。次に、中学生以上に
　なっても、携帯やパソコンなど親が金を出している以上、どのような
　状態かをチェックすることを約束しておくことです。ネットでは、簡
　単に不特定多数の人と出会うことになります。ですから、成人になる
　までは、親が責任を持ってチェックする必要があります。現在の親の
　多くは、自分自身がメディアやネットについての知識がないことか
　ら、子どもに任せっきりになるケースが多すぎる気がします。また、
　内容については、前もって、テレビなどは決めて、その時間だけ見る
　のがいいと思います。ネットも、時間と接続先をチェックできるよう
　に、親の見ているところで使用させるのがいいと思います。

質問Ｎ７．先生は、子どもにはいつから"ケータイ"を持たせても良い
　　　　　と思いますか？
　　　　Ｎ７．小中学生に携帯電話を持たせることについて先生はどう思わ
　　　　　れますか。
答：いつでもいいとおもいます。ただし、親がチェックできるようにす
　ることが必要だと思います。また、必要な時以外は渡さないなどの制
　限もあってもいいと思います。

質問Ｎ８．携帯を所有するのは高校生からで、小学生・中学生は持つ必
　　　　　要はない。または小中学生が持つにしても、機能を制限した
　　　　　（ネットにつなげないなど）携帯を作ったり制限したりするべき
　　　　　だと思っていますが、先生は携帯に関してどうお考えですか？
答：私も、そう思います。制限するのでなく、親がもっと積極的に、関
　わるといいと思います。子どもがインターネットのような不特定多数
　の人と関わることが容易な場面に出合う場合、やはりチェックする必
　要があると思います。お金を出せば、それで、子どもの面倒を見てい
　ると思ってしまうような親が問題だと思います。一緒にネットをした

り、一緒にメールを打つのもいいと思います。

## 8．その他の質問

**質問Ｔ１．本文とはあまり関係ないですが、現在の学校で、教師が子どもに体罰を行うことはあまりなくなったと思います。先生が子どもの頃、体罰教師はいましたか？また、体罰についてどう思いますか？**

答：授業でも話をしましたが「体罰」だけでなく教育場面で「罰」は必要ありません。「罰」を与えても何も教えることはできないからです。特に、カッときて暴力を振るったり殴ったりするのは教師として失格です。罰がすべていけないというわけではありません。交通違反や刑務所など社会ではルールをきめて罰が与えられることは教えなければなりませんし、正当防衛のような暴力に対抗することがいけないわけではありません。でも、そんなことは一生でめったにないと思います。

**質問Ｔ２．先生は社会力とはどのような力だと考えていますか？できれば具体的に教えてください。**

答：社会で生活する中で、いつも知的な好奇心を持ち、どんなことも自分で解決しようとする意欲、さらに、嫌なこと大変なことにも立ち向かう気持ちかな。

**質問Ｔ３．アメリカ人は、とてもほめ上手だと書いてある本がありました。子どもをとてもほめて育てるといいます。ほめることだけでいいのでしょうか**

答：確かに、アメリカの話を聞くと、よく普通に何かができただけでも「素晴らしく、よくできた」と大袈裟にほめるといいます。そうやって、子どもが気持ちよく、もっとよくできるようにしてあげるというのでしょう。確かに「ほめる」ことも、とても大切です。その一方で、日本では、「よく言って聞かせます」ということを指導の

基本だと考えている傾向が多いようです。

**質問Ｔ４．前の質問で、先生は、辻ちゃんやママドル（できちゃった婚の人たち）のような育児を賛成だと言っていましたが、親として、だらしがないと思うのですが、それでいいのでしょうか**

答：確かに、だらしがないと言えばそうかもしれません。しかし、子どもは、親だけでなく、おばあさんやおじいさん、そして兄弟を含めたみんなの期待を集めて育てられるものだと思います。実際50年くらい前までは、子どもの面倒をみるのは年寄りの仕事だと考えられていました。ところが、今は、立派にしっかりと子どもを育てられないと子どもを作りたくない（作ってはいけない）と考える若い人が多くなっています。子どもを産むことは女性にとって自然なことなのです。ですから、自分だけで育てようというのでなく、もちろん、子どもの父親が一緒というだけでなく、家族やその地域の人々と一緒に悩みながら育てるという意識を持つことで、母親一人が悩むことがなくなるのです。そう考えると、若いときに、子どもができて、子どもを育てるプロセスを通して、母親自身が大人になってゆく方が、うまく子どもを育てることができるのではないかと思うのですが、どうでしょうか。これは学校の授業を通して教師も成長してゆくことのできる授業が良い授業だというのと似ていると思いませんか…

**質問Ｔ５．なぜ川島先生は、このような授業形態を始めたのですか？**

答：授業の内容についての知識の他に、大学生が、これから生きてゆくのに役に立つ力（学士力）をつけるため、また教員採用試験などの面接や小論文の力をつけることができないかと考えたからです。

**質問Ｔ６．教えるとはどのようなことですか。先生によって違う気がするのですが。**

答：教えるための原理は学習理論（行動変容）という領域で研究されてきました。そこでの教えるということは、理解するというよりも覚え

ることが中心でした。その考えに立つと、教えるということは、生徒
児童が、次に同じ場面に立った時に、教えられた行動ができるという
ことになります。その一方で、教えるということを生徒児童が理解を
することに視点を置く考え方もあります。その場合は、発達の段階や
それまでの学習してきた内容とも関連してきます。どちらの立場に立
つかによって教えるということの解釈が異なります。

**質問Ｔ７. 規則を守らない生徒がいたらどのように指導したらよいので
しょうか。**

答：規則を守らない生徒の指導は、規則を守らなかった時には○○す
る、というような約束が基本的となります。さらに、その規則を守っ
た時に、適切な強化（それでいいと認められたという認知と感情）
が必要となります。また、学校場面での規則を守らないことと教師
が混同しやすい問題として、教師のいうことを聞かない生徒という
のがあります。しかし、規則というのは、社会の約束であり、約束
は前もって、「それを守らなかったら、これこれの罰が与えられる」
というように、はっきりと決められていなければならないのです。

「学べば学ぶほど、自分が何も知らなかった事に気づく、気づけば気づ
くほどまた学びたくなる」…アインシュタイン

# 第1部 第3章
# 贈られし言葉

羽 田 行 男

　父方の伯母の名は「くに」という。最後に会ったのは3年前の新緑の時季だった。だが、もうその頃には認知症がかなり進み、発話もできなくなっていた。

　ベッドを少し起こしてもらい、ひさしぶりに会う甥っ子の顔を、伯母はしばらくの間じっと見ていた。もしかすると、わたしの風貌のなかに、明治生まれの祖父の姿を重ね合わせていたのかもしれない。伯母の表情には、思い出の場面を自らの元に手繰り寄せようとする強い念いが感じられた。

　その年の暮れ、大正生まれの伯母は、家族に看取られながら静かに息を引き取った。96歳という年齢にしては、しっかりとした骨格をしていた。

　　　　　　　＊　　　　　　　＊　　　　　　　＊

　伯母の認知症は徐々に進行していった。10年前に会ったときには、すでに、わたしのことなど記憶の彼方にあった。ところが、なにかの話の流れのなかで、女学校時代の記憶がはっきりとよみがえる瞬間があり、こんな話をまるで昨日のことのように語り出した。

　松本にある女子師範学校に進学して、なんとしても教師になりたかったことを。けれども、西長野の家を離れることは許されず、あきらめざるを得なかったことを。

　おそらく祖父は、病弱な祖母のために家に残ってくれと、正面切って言えなかったのだろう。だがその実、伯母の将来を誰よりも期待していたのは、祖父だったのかもしれない。女学生のころ、文芸誌を編み、バスケットの選手でもあった伯母にとって、教師への道が断ち切られたこ

とはさぞかし無念だったにちがいない。

　そして、一時期、行員として働いた伯母が、初心を貫き教員の職に就いたのは、戦後になってからのことだ。

　初任の地は、戸隠にある「シガラミ」という村の小学校だった。伯母から初めてこの名を聞いたときには、音の響きから「世間のシガラミ」なる言葉を連想したことを覚えている。そして、だいぶ後になってから、この校名が、「柵」と書いて「とりで」を意味する地名に由来していることを知った。

　「柵小学校」に赴任した若かりし伯母は、学校近くに下宿先を見つけ、まさに子どもたちと寝食を共にする生活を村で送ったようだ。週末の宿直が伯母の番になると、子どもたちがこぞってやって来て、朝から夕刻までにぎやかに過ごしたらしい。きっと、その声は村中に響き渡っていたことだろう。敗戦後まだ間もない頃のこと、さまざまな境遇の子どもたちが、自らの世界を一心に生きていたにちがいない。あの頃のあの子たちから伝授されたのだろうか。叔母は、目の前の子どもを一人の人間として、丸ごとあるがままに受け入れ、共に生きようとする教師としての姿勢を貫いた。

　その後、伯母は信濃の地を離れ、房総に嫁いだ。そして、千葉県の小学校教員として、定年まで奉職した。

＊　　　　　　　＊　　　　　　　＊

　子どもたちに関わる仕事に興味をもった学生時代、わたしは、教育のモットーについて、伯母に尋ねたことがある。そのとき返ってきた答えは至ってシンプルで、いまでも鮮明に憶えている。「体の不自由な子、知的に遅れた子、家が貧しい子のことを大事にして、これまで教育に当たってきた」と。けれども、まだ教育の「きょ」の字もよくわかっていなかったわたしにとって、伯母のこの言葉は少し拍子抜けするものだった。あの頃のわたしは、もっと実践に役立つような助言を、どこかで期待していたような気がする。いま改めてこの言葉を読み解いてみると、そこには、「この子らのことを思んばかって教育に当たっていれば、教育の本質を見失うことはない」という明快なメッセージが込められている

ことがよくわかる。

　伯母との思い出を辿ってみると、このときの言葉につながるようないくつかのエピソードがあることに気づく。

　あれは、まだわたしが小さき小学生だったときのこと、伯母に連れられ映画館に行ったことが一度だけある。春休みということもあり、わたしたち子どもは、どんな映画が見られるのだろと胸躍らせて出かけて行ったように記憶している。だが、銀幕いっぱいに映し出された血なまぐさい抗争や艶めかしい情事は、子どもの理解をはるかに超えていた。伯母はといえば、子どもたちのことなどそっちのけで、任侠の世界にどっぷりと入り込んでいた。わたしたち子どもは仕方なく、映画館の廊下で好き勝手に遊びはじめてしまう始末だった。ちなみに、いとこもこの時の出来事をはっきりと覚えているという。

　任侠は、本来「弱きを助け、強きをくじく」という自己犠牲的な精神につながるらしい。きっと、あの日の伯母は、映画の主人公に自分自身を重ね合わせて、任侠の世界にどっぷり浸かっていたのかもしれない。

　そういえば、以前、こんなエピソードをいとこから聞いたことがある。バス遠足や学芸会などの行事の何週間か前になると、自分たち姉妹のすこし小さくなった余所行きのお古を、さりげなく気になる子のもとに届けていたという。伯母は、子どもたち一人ひとりの事情をいつも心に留め、気がかりな子には、労をいとわず手を差し伸べていたようだ。

　伯母が退職したころ、こんなことがあった。自宅の押し入れには数多くの段ボール箱が保管されていて、中身はすべて書籍かと思いきや多くは紙類だった。そのほとんどが自作のプリントや研究会の資料で、捨てるに捨てられないのだと伯母は話していた。資料に交じって、算数教育への貢献に対する県からの表彰状が幾枚かあった。知的に遅れた子どもこそ、集中して深く思考することが必要で、そのためには算数教育が欠かせないと伯母は考えていたようだ。算数に限らず、国語の読み書きでも、体育のマットや鉄棒でも、できないでつらい思いをしている子のことをそっと気にかけ、その課題の解決に向け、親身になって寄り添うのが伯母のやり方だったのだ。いま思うに、苦手なことを克服できたとい

う子どもたちの成就感が、知らずしらずのうちに、教師としての伯母の力量を高めていったのではないだろうか。

　そういえばこんな出来事もあった。すでに、認知症が始まっていたにもかかわらず、房総に移ってからの記憶の一片を、伯母は誇らしげに吐露したのだ。なぜ？　どうして？　の気質で育った伯母のこと、筋の通らぬ校長の考え方に最後まで異を唱えたというのだ。たとえそれが管理する立場の者であろうと、道理に反することには納得できなかったに違いない。すでに詳しいことを説明できる状態ではなかったが、そのときの発奮した感情が痛いほど伝わってきた。記憶が衰えても、伯母の気骨な精神がなおも健在であることに、おおいに驚いた。

＊　　　　　　　　　＊　　　　　　　　　＊

　伯母から、教育のモットーに関する話を聞いてから、かれこれ40年が経とうとしている。

　わたしはといえば、一昨年から松本に住み、小学校の教員を目指す学生たちを教えている。これも何かの縁かもしれない。もしこのことを知ったら、伯母はわたしにどんな言葉をかけるだろうか。

　そして、叔母に伝えたいことがもう一つある。なんと偶然にも、教育学部の一期生のなかに柵小学校出身の学生がいたのだ。小学校そのものは10年ほど前に統合され存続していないが、校舎は博物館として利用されているらしい。さらに、もしかすると、木造の旧校舎が倉庫として現存しているかもしれないとも聞いた。

　いとこによると、伯母の教え子たちは昭和10年ごろの生まれなので、もうすでに傘寿の年齢を優に超えているらしい。そして、そのなかの何人かは、生まれ育った地域で、いまも息災に暮らしておられるという。

　時は待ってはくれない。今年こそ、伯母が教員としての一歩を踏み出した柵の地を訪れることにしよう。そして、「くに」叔母から贈られたあの言葉を、もう一度じっくり噛みしめたいと思う。

## 第1部 第4章

# 「楽都松本」に寄せて
~私の好きな音楽~

安藤　江里

　令和の時代が幕を明けました。松本大学教育学部に着任して3年目が始まっています。一期生、二期生、三期生ともに個性豊かな素晴らしい学生と先生方に恵まれ、音楽教育の実践と研究に励んでいます。

　さて、松本市は私の生まれ育った場所でもあります。大学進学とともに30年ほど離れていましたが、縁あって戻ってきました。懐かしい信州の自然豊かな風景や空気感に触れ、当たり前にあったものから一旦離れたことで改めてその価値を身に染みて感じています。その間に町はずいぶん変わりました。三つのがく（岳・学・楽）都としてこんなに発展するとは正直思っていませんでした。

　松本駅前にこんな三角柱の時計塔が立ったのは平成23年12月のことです。松本市のホームページには以下の様に記されています。

「松本駅お城口の広場に、『楽都』『岳都』『学都』の字を刻んだ時計塔が設置され、除幕式が行われました。松本南ロータリークラブの創立50周年記念事業として松本市に寄贈されたものです。

　『楽都』は当時サイトウ・キネン・フェスティバル松本総監督で指揮者の小澤征爾さんが、『岳都』は松本市観光大使で登山家の田部井淳子さんが、『学都』は菅谷昭松本市長が揮毫した文字が刻まれています。」

「楽都」の面をよく見ると小澤征爾氏が指揮するサイトウ・キネン・オーケストラと鈴木鎮一先生が率いるスズキ・メソードの写真があります。私は松本市の三つのシンボルの一つが「楽都」であることに誇りを感じます。音楽を通してここで育ち、また戻ってこれた思いを綴りたいと思います。

## スズキ・メソード

　幼いころからピアノを習い始めた少女、記憶にはありませんが本当はバイオリンにも興味を示していたとか…。バイオリンのおけいこではまず親がその方法を習得して家で練習させる必要があり大変だったと聞きます。しかし少女の母親は教員をしていて忙しく、でも何か音楽を習わせたいということでピアノになったとか…。

　松本市はスズキ・メソードの拠点としてすでに有名で、ピアノの発表会は毎年才能教育会館で行われていましたし、バイオリンを抱えた人を良く見かけたのでスズキ・メソードはとても身近な存在でした。そしてなぜか家には小さい子が弾く4分の1の古いバイオリンがあったのですが、切れかかった弦と弓でギコギコとまねっこ遊びをした程度でした。当時鈴木鎮一先生も指導にあたっておられ、スズキ・メソードの象徴である会場いっぱいに並んだ子どもたちによる一斉演奏は有名でした。バッハやビバルディ、そしてきらきらぼし変奏曲。ピアノは基本的に一人で弾く楽器であまり練習も好きではなかったのですが、バイオリンはみんなで一緒に弾いて楽しそうだなぁ、と思っていました。

　小学生になってからはバレエも習い始めた少女、松本市の文化祭で様々な文化団体が集まる機会があり、スズキ・メソードのバイオリン演奏による「きらきらぼし変奏曲」に合わせて踊っていた記憶があります。そして最後は全員舞台に並び、鈴木先生の号令に続いて「どの子も育つ、先生次第です。」などと復唱していたことを覚えています。その後も何度かスズキ・メソードの演奏を聴く機会がありました。夏には海外からも松本に集結して行われる夏季学校、誰もかれもが皆同じ弾き方で一斉に

奏でるパフォーマンスに違和感を感じつつも圧倒されました。スズキ・メソードでは何度もくり返して聴いて練習し、覚えてもまだ弾き、仕上がったとしてもまた弾き、既習曲をどんどん積み重ねていくことでレパートリーがたまっていきます。同じ教則本で進んでいくので習得別に難易度の高いクラスから演奏していき、その下のクラスの生徒が加わっていき、だんだん降りてきて最後には最前列に小さな子がぞろぞろと出てきてステージを埋め尽くして全員で演奏するのです。友人にも何名かスズキ・メソードの出身者がいました。今は指導者として鈴木先生の意思を継いでいる人もいます。

## 才能教育とは

　鈴木先生の著書「愛に生きる」は学生時代も含め何度か読みました。そこには先生の生い立ちや才能教育の理念、スズキ・メソードでの実践などがわかりやすく記されています。さらに詳しくは先生の様々な著書や雑誌掲載文などをまとめた「鈴木鎮一全集」（1巻から6巻　別巻1・2）があります。それは現代の教育課題を考える上で非常に参考となる、本来の教育の在り方や考え方、指導者の心得など示唆に富み、音楽のみならず全人的な教育の視点が読み取れます。

　「どの子も育つ」や「能力は生まれつきではない」といった鈴木先生の有名な名言がいくつかありますが、私自身、共感し納得できる部分と現実的には厳しいのではと思う部分があります。それでも母親になる前にしっかり今一度読んでおく余裕があったら、少しは心掛けが違ったかもしれないとは思っています。

　鈴木先生は子どもの意欲を育て、いそがず休まず怒らず、そして我が子を畏敬する心を持つ、そのような母親や教育者をまず育てるべきだと述べています。それができたら苦労しないのですが、親だけではなく学校の教師にも求められることはたくさんあります。ある程度何かを身に付けるためには練習が必要ですし、集中力や記憶力が必要です。また耳から良い音楽を何度も聴いて真似することは、人間が言葉を習得してい

く過程と同じなので、鈴木先生はそのような環境の下で育てればどの子も育つ、とおっしゃっているのです。

バイオリンを通して実践されていたことを一般の小学校でも試みたことは興味深く思います。また現在脳科学研究者による研究も始まっているようなのでその成果が楽しみです。

10年ほど前、知人のスズキ・メソードのバイオリンの発表会で伴奏をすることになりました。30人くらいの小さな子から高校生くらいまで、今回は個人個人の発表会です。スズキ・メソードの教則本やある程度知っている曲でしたので気軽に引き受けましたが結構大変でした。スズキ・メソードでは楽譜はともかく基本的に習得曲の音源をひたすらよく聴いて体に浸透させているのですべて暗譜しており、伴奏者も同じ音源を聴くことが当然求められます。小学生でもメンデルスゾーンの協奏曲くらい弾いてしまうので、もう少し自由に演奏したいとも思いましたが、とにかく子どもたちのテンポ感を守り、邪魔しないように必死でした（笑）。その時、習いたての小さな男の子がいました。まだバイオリンを首に挟んで立っているだけです。その前はお菓子の箱を挟んでいました。小さい子どもにとってバイオリンを首に挟んで立つことも大変なのです。さらに弓を扱うことも結構難しいのです。みんなお母さんと一緒にレッスンに通い、おうちでおけいこして上達していくのでしょう。親にとっても中途半端な気持ちではやり続けることはできません。その決心をして臨んでいらっしゃる姿には頭が下がります。

## 音楽への目ざめ

残念ながらバイオリンを習うことがかなわなかった少女、正直ピアノを弾くことよりも踊りが大好きでした。美しい旋律や楽しい音楽を聴く

と心がウキウキして飛び跳ねたり回ったり全身で受け止めている感覚がありました。長身であった少女は小学校３年生から高学年・中学生クラスに入れられ、その中では一番チビで下手くそでついていくのがやっとでしたが、必死に覚えて踊った「白鳥の湖」第１幕の村娘の踊りは、今でも音楽とともに私の脳裏にしっかり焼き付いています。学校から帰ってくると毎日何回もレコードをかけて踊っていましたから。他の踊りはほとんど忘れてしまいましたが、その後も「ジゼル」や「ドン・キホーテ」などのバレエ音楽は私を虜にしました。私の中では音楽と身体の一体感がこの時からありました。ピアノやバイオリンなどの楽器、バレエもある程度身に付けるためにはくり返して練習する必要があります。おけいこの無い日もバレエ音楽や家にたまたまあったレコードをかけて音楽に合わせて勝手気ままに踊っていました。この時の感覚がその後の音楽活動につながったのかもしれないと思うのです。

　その後は合唱や吹奏楽、管弦楽団と一通り音楽系の団体に所属し、一人で黙々と練習するよりも誰かと一緒にアンサンブルすることの方が好きでした。お互いの音を合わせて奏でることはとても気持ち良いものです。楽曲のジャンルもレパートリーも広がりました。高校時代はギター部の連中とバンドも組みました。クラシックに限らずポップスやロックも体が自然と馴染んでいくのを感じていたのです。

　特別な才能は発揮せずとも少女（もはや大人）はピアノだけに専念することはできず色々やってみたい性分の様でして、大学時代はオーケストラで念願のバイオリンを始めました。やはり小さい時から習っておけばよかったと思いましたが、何とか耳と知識でカバーして一生懸命練習しました。オーケストラでは様々な楽曲を演奏しました。好きなのはマーラーとブラームス、そしてリストやラフマニノフのピアノコンチェルトも魅力ですね。チャイコフスキーは３大バレエ音楽はもちろん、シンフォニーも素敵です。やはり踊りたくなってしまいます。バレエ音楽では他にもプロコフィエフの「ロミオとジュリエット」、ドビュッシーの「牧神の午後」、そして有名なラヴェルの「ボレロ」。もはや身長が規定サイズを超え踊りを断念していた少女は、世界の様々なバレエ団、ダン

サーや振付家から生まれる芸術……ボリショイ、キエフ（当時）、レニングラード、パリオペラ座、イギリスのロイヤルバレエ団、ベジャール、ノイマイヤー……の来日公演を追いかけては観に行きました。そして自分が舞台芸術の虜になっていたことに気付き
ました。オーケストラの音楽にバレエやオペラといった総合的な芸術をもっと身近に触れたくて、後々ヨーロッパに修行することになったのです。

これは小学生の時に衝撃を受けたバレエ公演のプログラム、宝物です。

## セイジ・オザワ松本フェスティバル

「楽都」のもう一つは大きなイベントは何といってもセイジ・オザワ松本フェスティバルでしょう。旧称サイトウ・キネン・フェスティバル松本は、1992年から毎年8月、9月に松本市で行われる音楽祭ですが、2015年よりセイジ・オザワ松本フェスティバルに改名されました。

フェスティバルの名前は変わりましたが、母体となる楽団はサイトウ・キネン・オーケストラのままです。世界的な指揮者、小澤征爾氏と秋山和慶氏の呼びかけにより、彼らの恩師でもある故斎藤秀雄氏を偲んで弟子たちが集まりコンサートを行ったことに由来しています。斎藤氏は桐朋学園の創設者の一人でもあり、毎年志賀高原で合宿を行うなど長野県はゆかりのある地でもありました。1992年は齋藤氏生誕90周年にあたり、松本市はコンサートホールを整備するなど積極的な誘致活動を行ってフェスティバルの本拠地を置くことになり、2018年で27回目となりました。

フェスティバルには毎年多彩なプログラムが組まれています。オーケストラコンサートが主ですが、オペラではどちらかというと珍しい演目が印象的です。またブラスアンサンブルや弦楽アンサンブルなどの室内楽によるふれあいコンサート、そして教育プログラムとして子どものための音楽会やオペラが上演されています。特に子どものための音楽会は県内の小学校6年生を、そして子どものためのオペラは県内の中学校1年生を対象として招待しています。今年は特別支援学校の子どもを対象に特別プログラムも組まれました。この子どものための音楽会やオペラは、小澤征爾音楽塾生の若いメンバーによって楽器紹介などを入れながら親しみやすい内容で演奏されます。私としてはオーケストラを聴いた小学生やオペラを鑑賞した中学生がどのように感じているのか興味津々です。

なんとうらやましい話でしょう。40年前は……一流の音楽会やバレエの公演は滅多に松本には来ませんから長野市まで足を延ばしたこともありました。オペラなんて見たことありませんでした。懐かしい労音時代、地方では年に数回世界のアーティストに触れる貴重な機会でした。今では松本市のみならず近隣の塩尻市や岡谷市、伊那市、軽井沢などにも立派なホールがあり著名なアーティストによる演奏会や音楽祭が頻繁に開催されるようになりました。しばらく松本を離れていた私はフェスティバルが開催される8月の末から9月は仕事の関係や子育てに追われ、なかなか生の演奏会を聴きに行く余裕がありませんでした。地元のニュースや知人から話を聞いてどんなものか想像を膨らませていました。そして昨年松本に戻って来てやっとフェスティバルの雰囲気を肌で感じることができたのです。

## ボランティア活動

フェスティバルの運営を市の実行委員会とともに支えているのが市民や愛好家によるボランティア組織「OMFコンチェルト」です。これなら私にもできると思い、昨年からボランティアに登録してフェスティバ

ルに関わることができました。国内外からいらっしゃる演奏者へのおもてなし、ゲネプロや本番時の楽屋への差し入れ、そして会場整備、チケットもぎり、グッズ販売、小中学生の誘導、来場客の案内など、様々な役割を担っています。松本市民のみならず県内外からこのフェスティバルを支えようとする音楽好きが集まっています。老若男女、様々な職業の人がいて、市民目線から演奏者のみならず観客をもてなす気持ちがこもっています。こんな雰囲気の演奏会は数多くありません。正に最高の音楽をみんなで楽しむフェスティバルなのだと実感でき、松本が全市を挙げて盛り上がるのです。2017年のさよならパーティーには小澤さんも参加されており、ナマオザワに対面する機会もありました。もちろん今までも小澤さんが指揮をする演奏会やリハーサルでの指導する姿など音楽に向かう姿は見たことがあったのですが、普段のざっくばらんな姿も魅力的でした。そんな姿を拝見できたのも、ボランティアに参加したおかげです。2018年、小澤さんは残念ながら療養中のため指揮を振ることはありませんでした。それでもまわりのスタッフやボランティア、関係者が協力してこのフェスティバルを成功させたいと願いました。年齢を考えれば無理は言えませんが、是非再び元気な姿を見せていただきたいと願っています。そして私はこれからもボランティアとして関わっていきたいと思っています。

「小澤さんと、音楽について話をする」という村上春樹さんとの対談の本があります。2010年以来、やむを得ず療養中であったからこそ実現した貴重な時間、そこで語られているのは大変興味深いものが多々あります。私も好きな協奏曲、マーラーの音楽、そしてオペラへの思いが詰まっています。是非ご一読してみ

てはいかがでしょう。

## 「楽都・まつもとライブ」

　フェスティバルを盛り上げる他の関連事業として、地元の愛好家によるウェルカムストリートライブ、子どもたちによる吹奏楽パレード、お城 de ハーモニー（合唱）も恒例となり、松本市近辺の小中高等学校を巻き込む大イベントになっています。歓迎演奏会「お城 de ハーモニー」はSK松本合唱団やSK松本ジュニア合唱団の小学生から70代までのメンバーが美しい歌声を響かせてフェスティバルのオープニングを飾ります。パレードには50団体以上が参加しており、市民が見守る中演奏しながら市街地を抜けて松本城に集結していきます。その後楽器ごとに並び替わり2000人の合同演奏会、「信濃の国」が演奏され壮観です。こんなにも市全体が盛り上がれるなんて、音楽ってやっぱりすごい力を持っていると感じます。私も参加したい、僕も歌いたい、あの楽器を吹いてみたい、と興味関心を持って益々その輪が広がっていくことでしょう。そしてこのような経験の積み重ねが一生の宝になるはずです。

　ウェルカムストリートライブは、地元ミュージシャンや大学生も音楽祭を盛り上げ、観光客へのおもてなしとして始まりました。松本駅前広場で様々なジャンルの演奏が披露され、通りかかる人々の心を和ませています。そして市制施行110周年を記念して「楽都・まつもとライブ」として通年化することになり、駅前だけでなく松本市総合体育館やイオンモール松本など広がりを見せています。

　2018年7月、松本大学吹奏楽部も演奏させてい

ただきました。当日はとても暑く、テントの中で日差しを避けながら、そして楽器を直射日光から守りながらの演奏となりましたが、今回は「にじいろ」「サザンカ」等5曲を披露し、わざわざ足を運んでくださった方や駅前を通りかかったたくさんの方に聴いていただきました。このフェスティバルに色々な形で関わり、音楽の素晴らしさを共有できる「楽都松本」を誇りに、より多くの世界中の人々の心が豊かに満たされていくことを願ってやみません。

　松本にはまだまだ語りつくせない魅力があります。信州・まつもと大歌舞伎や松本城薪能など日本の伝統文化を継承するイベントもありますし、夏は松本ぼんぼんで盛り上がります。学生時代は西洋音楽を中心に没頭していましたが、自分の足元にある伝統文化の価値に遅ればせながらやっと気づいた今日この頃です。信州・松本の素晴らしさとともに、今の私にできることを地域に発信しつつ、今後も研究と教育に励みたいと思っています。

第1部　第5章

# My Great-Great-Grandfather John Cooper Robinson Lived in Japan from 1888-1925.
### MEHMET SEAN COLLIN

## Introduction

My great-great grandfather John Cooper Robinson (1859-1926) was the first Anglican missionary from Canada in Japan. However, he was **not** the first Canadian missionary in Japan, because there were already Methodist Canadian missionaries here in Japan before he arrived. Although he, his descendants, and/or their colleagues established what has now become the "Chubu" Diocese of the Anglican Church in Japan; Saint Mary's College of Nagoya; as well as the "*Shin Sei*" hospital in Obuse, Nagano, he was also an avid photographer. This article will mostly focus on these photographs.

John Cooper Robinson arrived in Japan about twenty years after the Meiji Restoration. Given this timing, it is **not** surprising that his photographs document a society in transition. In his photographs, new buildings and new fashions mix with old ones; while railways and other "new" technologies appear alongside wooden edifices and dirt roads. Despite the relative speed of the Meiji Restoration, industrializing any nation takes time, and these images reveal that the Japanese people of this era were concerned about the very real threat of urban fires- just as they had been in previous centuries. These images also reveal that people in rural Japan could, apparently, still take care of many of their daily needs with straw.

Today, many Japanese people are justifiably proud of the Meiji Restoration.

51

The Japanese citizens of this era applied a hard-working, diligent, heritage to the study of the Western world, selecting useful aspects, rejecting others, and modifying them to suit their needs. Selective adoption and pragmatic adaptation meant that the *"modern"* world was **not** simply imported wholesale. John Cooper Robinson's images reveal an imaginative and intelligent weaving together of two worlds.

## Biographical Information about John Cooper Robinson and His Family

After John Cooper Robinson died in 1926, his photographs were kept in Japan in the care of his youngest daughter, Hilda (my grandmother's aunt Hilda). Hilda was the first in the family to inherit his love of photography, and some of the photographs within the John Cooper Robinson collection are considered to be hers. After Hilda's death, the entire collection of photographs were brought to Canada, where for some years they were kept in garage storage in Ontario province! Then, in the 1960s, they were brought to Nova Scotia with John Cooper's son Cuthbert, my own great-grandfather. In Nova Scotia, they remained for another fifty years in the basement of my grandmother Eleanor's oldest brother, Stuart Robinson.

In the late twentieth century, Stuart Robinson's daughter Jill Robinson found this collection of photographs in her dad's basement. Jill Robinson displayed some of the photographs in this collection at the Mary Black Gallery in Halifax city, Nova Scotia province; the Saint Mary's University Gallery, also in Halifax city; as well as at the Embassy of Japan in Ottawa city, Ontario province. This latter exhibition will be further discussed below. The collection was also displayed in Vancouver city, at the University of British Columbia. Today, the several thousand photographs in this collection have been donated to the University of British Columbia's "Rare Books and Special Collections" archive.

My Great-Great-Grandfather John Cooper Robinson Lived in Japan from 1888-1925.

The John Cooper Robinson collection offers <u>a unique view</u> of life in the Meiji and Taishō eras precisely because the audience and purpose of these photographs are different from many other photographs that remain from this period. John Cooper Robinson surely had motives when taking pictures, but they were quite different from those of Western travelers, or missionaries, who intended to exhibit or publish their pictures and different from those of Japanese officials or companies that also wanted to document the lives of working and rural people. John Cooper Robinson shared the pictures with a small group of people soon after he took them. Yet, he saved glass plates or negatives rather than easy-to-view prints, and this suggests that he did **not** use his private archive to repeatedly share images with others. To reiterate, the glass plates and negatives were stored in a series of family homes, rarely viewed after he died in 1926.

John Cooper Robinson had a series of themes that he found worthy of documentation. Workers and rural peoples, converts to his Anglican mission, and personal relationships– with his Japanese colleagues and his family– take up a large part of the collection. Shots of Japanese officials, modern cities, industry, historic buildings, or beautiful landscapes are **not** overly prominent in his images. As with many photographers, John Cooper Robinson, either consciously or not, promoted a specific vision of Japan, whether for himself, his missionary colleagues in Japan, or Anglicans and others back in Canada. Accordingly, he presented one possible vision while possibly minimizing other possible ways of portraying the Japanese and their country.

According to historian Benjamin Bryce, Robinson's intended audience for the photographs that remained in his private collection is a bit of a mystery. Was he simply collecting memories as an amateur photographer? The audience of the more than two-hundred postcard prints he had made was surely different than the glass plates in the collection. Did he take many of the pictures with the intention of showing them to Canadians during his furloughs, as a way to justify his missionary activities and to raise money for future Anglican activities in Japan? Based on the pictures he took of Canada during his stay in 1919 (also included in the University of British Columbia collection), Robinson visited many parts of the country during his furloughs. Did he meet with people to discuss missionary work, and did he show his pictures widely during these ephemeral moments? While the vast collection gives us hints that the photographer knew many of his subjects, he also likely convinced people he did **not** know, or did **not** know well, to pose for the camera.

John Cooper Robinson was born near Blenheim, Ontario in 1859, and graduated from Wycliffe College at the University of Toronto in 1886. His wife Bessie (née Poynton) was born in Nottingham, England, in 1858 and immigrated to Toronto in 1881. Together, they went to Japan only months after their marriage in 1888. Robinson worked for thirty-seven years as a missionary in the country with visits to Canada every five or six years. Their three children were born in Japan: Lucy Winifred in 1890, Hilda in 1891, and Cuthbert in 1893. Cuthbert was my maternal great-grandfather. It was through Cuthbert's son Stuart, and then ultimately Stuart's daughter Jill Robinson, that this private collection was preserved, and then donated to the University of British Columbia in 2014.

The expanded Robinson family, now five people instead of two, returned to Canada for their first furlough in 1894. The family again travelled to Canada in 1902, with Bessie in ill health. Cooper returned to Japan that same year while the rest of the family stayed in Toronto due to Bessie's health and for their children's education. After ten years of living apart, Bessie returned to Japan in 1912 accompanied by Cooper and one daughter, the 21-year-old Hilda, but not the 22-year-old Lucy Winifred, nor the 19-year-old Cuthbert. Bessie spent another six years in Japan before returning to Ontario with John Cooper on a furlough in 1918. Bessie died one year later, while still in Canada. John Cooper and his daughter Hilda returned to Japan in 1919. John Cooper came to Canada on a

*My Great-Great-Grandfather John Cooper Robinson Lived in Japan from 1888-1925.*

furlough in 1925, and he died unexpectedly in in Ontario province in 1926.

Part of the collection includes pictures, particularly of the young Robinson family in the 1890s, taken at Japanese photography studios (see Photograph 1 below). Other pictures, which appear to be taken with Cooper's camera, include him as the subject, and in these cases there are other photographers. As Benjamin Bryce has noted, in all three cases (studios, photographs by John Cooper himself, and photographs taken by others using his camera), the collection maintains a certain consistency of documenting personal relationships

**Photograph 1.**
Photographer K. Miyashita, Honmachi Sanchiome, Nagoya, Aichi, late 1890s. From left to right: Hilda, Cooper, Lucy Winifred, Bessie, Cuthbert. <As seen above, Cuthbert was my great-grandfather.>

within the family, and with Japanese converts, and other western missionaries. Based on the photographs in this collection, it appears that Robinson took up photography in earnest during the ten years he worked in Japan without his wife and children (1902-1912). Since the collection consists largely of glass plates and to a lesser extent film negatives, most regrettably, few of the pictures are labelled.

## Selected Examples of John Cooper Robinson's Photographs

According to historian Benjamin Bryce, Robinson's pictures depict a broad range of themes relevant to both foreign missionaries in early twentieth-century Japan, and the country more generally. There are portraits and group shots of Japanese people, and many of those people are likely, though **not** definitely,

Japanese Christians. There is also a very large number of smiling vendors, peasants, and workers, and their connection to a Christian denomination, or even their relationship with John Cooper Robinson, is less clear. Some of Robinson's Japanese subjects were fellow Anglicans, with whom he clearly had a personal rapport, and appear to have enjoyed a middle-class status. In contrast, many of John Cooper Robinson's subjects appear to have been poor peasants, or street vendors, and are likely people who were **not** Christian converts, and with whom he probably did **not** have a personal relationship (see Photographs 2, 3, and 4 below).

As Benjamin Bryce has observed, the agency of the subjects, even the peasants and workers who found their way into John Cooper Robinson's pictures, must **not** be minimized. The photographer offered these subjects the opportunity to be remembered, and to interact with modern technology. To some extent, his subjects may have also known that they would travel, through Robinson's glass plates or prints, back to Canada and would shape Canadians' ideas about Japan. John Cooper Robinson's act of photographing and saving the images was itself an act of empowering a potentially marginalized subject.

**Photograph 2.**
Men carrying cocoons and Hachiman, 1920. Source: UBC Rare Books and Special Collections. "[Men] carrying cocoons. Hachiman, K[?]." RSBC-ARC-1757-PH-0343

**Photograph 3.**
Japanese Woman Carrying Babies, 1905. Source: UBC Rare Books and Special Collections. "Japanese girls and woman carrying babies on backs." RBSC-ARC-1757-PH-1620

My Great-Great-Grandfather John Cooper Robinson Lived in Japan from 1888-1925.

**Photograph 4.**
Children in Canal by Field, 1908. Source: UBC Rare Books and Special Collections. "Children in canal by field." RBSC-ARC-1757-PH-0043

Family is another important part of the John Cooper Robinson collection at the University of British Columbia. There are many portraits of him and his immediate family on their own, or with Japanese friends or colleagues. Hilda Robinson appears in several photos with Japanese women of a similar age. The pictures of John Cooper Robinson himself are generally of a middle-aged man with a grey beard and grey hair. Photographs of his daughter, Hilda, outnumber her two siblings to an astonishing degree. Lucy and Cuthbert left Japan in 1902 to attend high school and later university in Toronto. Hilda did the same, but returned to Japan in 1912. Historian Benjamin Bryce has written that Lucy and Cuthbert's absence, and Hilda's presence, date most of the photographs from between 1912 and 1925, the years between Hilda's return to Japan and John Cooper Robinson's departure from Japan.

# Conclusion

John Cooper Robinson and his family deeply loved Japanese people and Japanese culture. They enjoyed the lives of prosperous Victorians abroad, and were devoted to the many outdoor sports of skiing, sailing, hiking, and especially tennis. Their summer home was right here in lovely Shinshu- in Karuizawa town, not far from the summer residence of the Imperial Family. And, to this day, some of my Robinson ancestors' graves can be seen in the "Karuizawa foreigner's cemetery" - including one that simply says, in the Roman, alphabet "**Baby Robinson**." In fact, this grave belongs to my grandmother Eleanor's baby sister, Alexandra, who died of tuberculosis when she was only a few days old. Subsequently, my grandmother's only surviving sister, Patricia, named her first child Alexandra, my own "first cousin once removed", after the premature death of "**Baby Robinson**."

With respect to Karuizawa town, right here in Nagano prefecture, the Robinson family would customarily move there every June for the summer holidays. And, the local children in Karuizawa, who might **not** have had much exposure to Western family names, would shout out: "***Do bin-san***" has arrived, "***Do bin-san***" has arrived! Since it was rather difficult for children in Karuizawa, at that time, to pronounce the family name **"Robinson"**, they pragmatically changed the family name to *"**Do bin**"*, which means "earthenware teapot" (i.e. 土瓶) in Japanese!

As an educated, adventurous, law-abiding, Christian missionary, John Cooper Robinson was, it could be argued, an effective person to play a role in helping Japan to modernize after the Meiji Restoration. Although Christianity in Japan was never to become as successful as some people might have wished. In a personal letter written three months after his initial arrival in Japan, John Cooper Robinson remarked: *"The Japanese don't really need us. They have a well-functioning belief system of their own."* Never-the-less, he was a faithful missionary, and to the end of his life was dedicated to the duties of church, and especially bible study classes. Arguably, the latter perhaps helped to serve the "true" purpose of the recruitment of missionaries from abroad by the Japanese state, that of English language education.

*My Great-Great-Grandfather John Cooper Robinson Lived in Japan from 1888-1925.*

Finally, on Saturday, January 30th, 2016, at the Embassy of Japan, in Ottawa city, the exhibition **'Eye on the Enlightenment: John Cooper Robinson - Photographs from Meiji-Taisho Japan'** organized by the Embassy of Japan in collaboration with the Japan Foundation and the Cooper Robinson family, was on display at the Embassy of Japan for two weeks, until February 14th, 2016.

After Ambassador Monji's opening remarks, my great-aunt Jill Cooper Robinson spoke, recounting the journey for her to bring the collection of photos from about one hundred years ago to public attention, and to preserve it as an important historical document for future generations. She then presented the Ambassador with a print of one of her great-grandfather's pictures taken in the year 1921.

Following the speeches, a short film of an interview with Eleanor Kerr, granddaughter of John Cooper Robinson, and my own maternal grandmother, was screened. Like all her siblings, Eleanor Kerr (née Robinson) was born and raised here in Japan. All of them attended the Canadian Academy (CA) in Kobe, and my grandmother remained active in the Ottawa chapter of the CA alumni until her death. To see some more of my great-great grandfather's photographs, and to watch this video interview with my grandmother, please visit: **https://www.ca.emb-japan.go.jp/canada_e/Cultural_Events/2016/John_Cooper_Robinson_Photo_Exhibit_Opening.html**

【和訳】

# 1888年から1925年まで日本で生活した私の高祖父ジョン クーパー ロビンソン

## はじめに

　私の高祖父にあたるジョン　K. ロビンソン（1859-1926）は英国教会の宣教師としてカナダから日本に渡った初めての人物でした。当時の日本では、カナダ人のメソジスト派の宣教師がすでに布教活動を行っていましたが、英国協会から日本に派遣された宣教師は彼が最初でした。英国協会は彼の子孫、その子孫の仲間たちと長野県小布施町の新生病院だけでなく現在の日本聖公会中部地区；名古屋柳城短期大学を創設しました。彼はそれだけでなく熱心な写真家でもありました。この記事は主に彼が撮影した写真を取り上げていきます。

　ジョン　K. ロビンソンは明治維新の２年後に日本にやってきました。この時期から考えるに彼の写真は変わりゆく社会の姿を評細に記録しているといっても過言ではありません。彼の写真には古いものと新しく伝わってきたものが混在しています。具体的に言うと鉄道や他の新たな技術が木造建築物や舗装されていない道路と共存している様子などです。

　明治維新だけに限らずにどの国家も産業化させる際には時間がかかり、この時代の人々が以前と同様に都市火災に非常に脅威を感じていたという事実をこれらの写真が明らかにしています。これらの写真から日本の郊外の人々がいまだに多くの生活物資を藁から生み出していたであろうことが明らかです。

　今日多くの日本人が明治維新を当たり前のように誇りに感じています。この時代の日本人は西洋世界の文化に一生懸命働くこと、勤勉であ

るという概念を新たに付け加え、不必要だと感じたものは受け入れなかったり、日本人の必要性に合致するように修正したりしました。厳選することと現実的な選択が近代的な意味合いとして簡単に取り入れられるわけではありません。ジョン K．ロビンソンの写真からも明らかです。

## ジョン K．ロビンソンと家族の軌跡

　ジョン K．ロビンソンが1926年に亡くなった後、彼の写真は彼の末娘ヒルダ（私の祖母の叔母である）の配慮によって日本で保管されました。ヒルダは彼の写真への愛を受け継いだ家族で唯一の人物であり、ジョン K．ロビンソンコレクション内のいくつかの写真は彼女のものであると考えられています。ヒルダの死後、写真のコレクションすべてが、数年間カナダ オンタリオ州の倉庫に移動、保管されました。

　それらは1960年代に、私の祖父でありジョン K．ロビンソンの息子であるカスバートによってノバスコシア州に移動され、私の祖母であるエレノアの兄、スチュアート ロビンソン家の地下に５年間保管されていました。

　20世紀の後半スチュアート ロビンソンの娘、ジル ロビンソンが父親の家の地下で写真のコレクションを発見しました。ジル ロビンソンはこのコレクションの内の何枚かをノバスコシア州ハリファックスのメアリーブラックギャラリー、ハリファックスのセントメアリー大学のギャラリー、さらにオンタリオ州オタワの在カナダ日本国大使館に展示しました。この３つ目の展示会に関しては後のページで解説します。コレクションはバンクーバーのブリティッシュコロンビア大学にも展示されました。今日、コレクションの中の数千枚の写真はブリティッシュコロンビア大学に"貴重な蔵書、特別なコレクション"という保管文書で寄贈されました。

ジョン　K．ロビンソンのコレクションはこれらの写真を撮る動機が他の残っている多くの写真とは異なる為、明治、大正時代の生活に対する唯一無二の見解を与えてくれます。ジョン　K．ロビンソンは写真を撮る時に確固とした動機がありましたが、それらは写真を展示、出版しようという目的の西欧諸国からの旅行者、宣教師とは大きく異なり、郊外で生活している人々や働いている様子を記録として残したいと考える日本の役人や会社とも異なっていました。ジョン　K．ロビンソンは写真を撮った後すぐに限られたグループの人々とそれらを共有しました。さらに彼は容易に画像を見られるものよりもガラス版やネガティブ版を大事にしており、そのことからも彼が限られた人にしか自分の写真を見せなかったことが分かります。繰り返しになりますが、ガラス版やネガティブ版は彼の家に何世代にも渡って保管され、1926年の彼の死後にはほとんど見られることは無くなりました。

　ジョン　K．ロビンソンには記録する価値があると考えたいくつかのテーマがあります。労働者や郊外の人々が英国教会に改宗をしたこと、日本人の同僚やその家族と個人的な付き合いを持てたことが彼の写真を撮る大きな要因となりました。日本人の役人や現代的な都市、産業、歴史的な建造物、美しい景色を撮影することが彼の目的ではありませんでした。多くの写真家と同様にジョン　K．ロビンソンは意図的かどうか定かではありませんが、自分自身の内なる日本を撮影することに成功したと考えられます。

　歴史学者のベンジャミン　ブライスによればロビンソンの写真を撮っていた動機には多少不可解な点があり、彼はアマチュア写真家として記録を残す目的で写真を撮影していたのか？それとも彼は自分の宣教活動を正当化し、日本で将来布教活動するための資金を集める為、日本でしっかりと普及活動をしていた証拠を写真として残したのか？彼の1919年の日本滞在の間に撮影した写真によるとロビンソンは休暇の間に日本の至る所を訪れています。彼はこれらの限られた期間で人々に会い宣教

1888年から1925年まで日本で生活した私の高祖父ジョン クーパー ロビンソン

活動の話しや彼の撮影した写真を見せたりしたのだろうか？多くの彼の
コレクションが示すようにロビンソンも他の写真家と同様に人々がカメ
ラにポーズを取る様に促していたと考えられます。

　ジョン　K．ロビンソンは1859年にオンタリオ、ブレニムの近くで誕
生し、1886年にトロント大学のウィクリフカレッジを卒業しました。彼
の妻のベッシーは1858年にイングランド　ノッティンガムに誕生し、
1881年にトロントに移住しました。1888年に結婚、その数か月後に夫婦
揃って日本に渡りました。ジョン　K．ロビンソンはカナダに５年もし
くは６年おきに帰れるという条件で日本での布教活動を37年間続けたの
です。

　彼らの３人の子供達は日本で誕生しました：ルーシーは1890年、ヒル
ダは1891年、カスバートは1893年に生まれました。カスバートは私の母
方の祖父でした。

　後々ジョン　K．ロビンソンのコレクションはカスバートの息子ス
チュアートの娘であるジル　ロビンソンに渡り保管され、2014年にブリ
ティッシュコロンビア大学に寄贈されたのです。


　２人から５人に増えたロビンソンの家族は1894年に最初の休暇でカナ
ダに帰国しました。ロビンソン家は1902年、ベッシーの体調が優れない
状態で再びカナダに戻りました。ジョン　K．ロビンソンは同年ベッ
シーの健康や子供たちの教育を考えた末に家族をカナダに残して日本に
戻りました。ロビンソン夫妻は10年間別々に暮らした後、ベッシーは
ジョン　K．ロビンソンと21歳の娘ヒルダに連れられ日本に戻ってきま
した。しかし、22歳のルーシーと19歳のカスバートはカナダに残りまし
た。ベッシーは1918年に休暇で夫とオンタリオに戻るまでの６年間を日
本で過ごしたのです。カナダに戻った翌年ベッシーが亡くなりました。
ジョン　K．ロビンソンと娘のヒルダは1919年に再び日本に戻りまし
た。　その６年後の1925年、ジョン　K．ロビンソンは休暇でカナダに戻
り、翌年オンタリオ州で突然亡くなりました。

コレクションの一部は1890年代に日本の写真館で撮影された若かりし頃のロビンソン家の写真です（写真1）。それ以外のコレクションにはクーパーの写真で撮影されたと思われる彼自身を被写体としたものが見られ、このような場合には他のカメラマンが撮影したと考えられます。ベンジャミン　ブライスが言及するように3つの事例（スタジオ、ジョン　K．ロビンソン自身によって撮影された写真、彼のカメラを使用して他の人に撮影された写真）では家族や日本人で改宗した者、他の西洋の宣教師達との個人的な付き合いを記録しているという点においては一貫しています。コレクションの写真によるとジョン　K．ロビンソンは彼の妻や子供をカナダに残して働いていた1902年から1912年の10年間に撮影を本格的に始めたようです。残念なことにコレクションの多くがネガティブフィルムではなくガラス版の為、ほとんどの写真が正確に分類できていません。

写真1
左から右にヒルダ、クーパー、ルーシー、ベッシー、カスバート（カスバートは私の曽祖父にあたる）

## ジョン　K．ロビンソンの何枚かの写真

　ベンジャミン　ブライスによるとジョン　K．ロビンソンの写真は12世紀初めの日本での外国人宣教師の様子や広く言えば日本がどのような状態であったかなど幅広いテーマを持っています。日本の人々を個人や複数で撮影したものが残っていますが、それらの人々の多くが完全なキリスト教信者というわけではありません。それに加え、商人や農民、労働者の笑顔の写真が多く残っていますが、彼らのキリスト教との関係、ジョン　K．ロビンソンとの関係性は明らかではありません。彼の日本

1888年から1925年まで日本で生活した私の高祖父ジョン クーパー ロビンソン

での撮影テーマのいくつかは英国教会の同僚についてであり、彼らと個人的な関係を育み、中流階級として人生を謳歌していたようです。それとは対照的にジョン K．ロビンソンの撮影テーマは貧しい農民であったり、商人であったりとキリスト教徒は縁遠い人達であり、彼はおそらくそれらの人々とは個人的な付き合いがなかったと考えられます（写真2, 3, 4）。

　ベンジャミン ブライスが注目したようにジョン K．ロビンソンの写真に写っている農民や労働者の存在さえ注視する必要があります。撮影者はこれらの人々の存在が現代の人々に忘れられないように記録として残しました。彼の写真はガラス版や印刷物としてカナダに戻り、カナダの人々の日本に対するイメージを形成していました。その点で彼の写真は国を越えて知られていたものだったといえるかもしれません。ジョン K．ロビンソンの撮影という活動とその撮影した画像を大切に保管しておいたことは、忘れ去られてしまったかもしれない人々に世間の関心を集めた活動でした。

写真2
繭と八幡神を運んでいる男性（1920）
参照：UBC Rare Books and Special Collections.
"[Men] carrying cocoons. Hachiman, K[?]."
RSBC-ARC-1757-PH-0343

写真3
赤ちゃんをおんぶしている日本の女性（1905）
参照：UBC Rare Books and Special Collections.
"Japanese girls and woman carrying babies on backs."
RBSC-ARC-1757-PH-1620

写真4
畑近くの川での子供達（1908）
参照：UBC Rare Books and Special Collections.
"Children in canal by field." RBSC-ARC-1757-PH-0043

　ブリティッシュコロンビア大学のジョン　K．ロビンソンのコレクションを見れば家族もまた重要な役割を果たしていることが分かります。たくさんの彼と彼の家族との写真、日本人の友人や同僚との写真が残っています。ヒルダ　ロビンソンは同年代の日本人の女性といくつかの写真に写っています。ジョン　K．ロビンソン自身の写真はだいたいグレーの髭と髪を持つ中年の男性といった感じです。彼の娘であるヒルダの写真は他の２人の兄弟を数で言えば圧倒的に上回っています。ルーシーとカスバートはトロントの高校、大学に通う為に1902年に日本を離れました。ヒルダも日本を離れましたが、1912年日本に戻りました。歴史学者ベンジャミン　ブライスによるとルーシーとカスバートを欠き、ヒルダの存在感が増すのは1912年から1925年のほとんどの写真であり、その間はヒルダが日本に戻り、ジョン　K．ロビンソンが日本から離れた年にあたります。

## 終わりに

　ジョン　K．ロビンソンや彼の家族は深く日本の人々や文化を愛していました。彼らは海外では優雅なヴィクトリア朝の生活を送っており、

1888年から1925年まで日本で生活した私の高祖父ジョン クーパー ロビンソン

スキー、セーリング、ハイキング、テニスに多くの時間を捧げていました。彼らの夏の間過ごす家は素敵な場所である信州軽井沢にあり、天皇家が夏を過ごす住居からそれほど離れていませんでした。今日、ロビンソンの祖先のお墓のいくつかが軽井沢の外国人墓地で見られ、その中にはBaby Robinsonローマ字で書かれたものも含まれています。このお墓は私の祖母のエレノアの姉妹アレクサンドラであり、彼女は生後間もなく結核で亡くなりました。その後、私の祖母の唯一生きている姉妹であるパトリシアは出産後すぐに亡くなったBaby Robinson の名前にあやかって、初めての子供にアレクサンドラと名付けたのです。

　ロビンソン家族は夏休みの期間である毎年6月に長野県軽井沢に訪れることを習慣としていました。軽井沢の地元の子供たちは西洋人の名前に馴染がなかったので、"土瓶さん"が来た"土瓶さん"が来たと騒いでいました。その当時子供達にとって"ロビンソン"と発音するのは難しかったので日本語で土瓶を意味する"土瓶"と呼び方を変えて呼んでいたのです。

　教養があり、冒険心豊かで法をしっかりと守るキリスト教の宣教師ジョン　K．ロビンソンの活動には賛否両論があるとしても、日本を明治時代の復旧から現代化させることにおいて重大な役割を果たした人物です。　しかし、日本でのキリスト教的信仰は人々が望んでいたような成果をあげるまでに至りませんでした。ジョン　K．ロビンソンが日本に来て最初の3か月間で記した個人的な手紙によると彼は"日本人は私達を必要としていない""彼らは独自の信仰心を持っている"と記しています。そのような状況にも関わらず彼は仕事に忠実で彼の人生の最後を教会での義務、聖書の勉強会に捧げました。そこに議論の余地はあるとしても、後半は日本政府による活動（英語指導の為に宣教師を日本に呼ぶ）に携わっていました。

　最終的に在カナダ日本国大使館で2016年1月30日土曜日から2月14日

までの２週間ジョン　K．ロビンソン家族と日本財団の協力により、日本大使館のよって明治大正期の日本の写真展が開催されました。

　大使である門司の会式の挨拶の後に私の叔母であるジル　クーパーロビンソンは100年前の写真のコレクションが人々の注目が当たるようになった経緯を評細に話し、未来の世代の為に重要な歴史的記録として残すと述べました。そして彼女は1921年に撮影されたジョン　K．ロビンソンの写真の一枚を大使に贈呈しました。

　スピーチに続いてジョン　K．ロビンソンの孫であり、私の母方の祖母であるエレノア　カーの短いインタビューがスクリーンに映し出されました。彼女は他の兄弟と同じように日本で生まれ、日本で育てられました。彼女らは神戸のカナディアンアカデミーに通い、私の祖母は亡くなるまでオタワのカナディアンアカデミーの為に精力的に働いていました。

　私の高祖父の写真、私の祖母のインタビューの動画は以下の URL を訪ねてみてください。

https://www.ca.emb-japan.go.jp/canada_e/Cultural_Events/2016/John_Cooper_Robinson_Photo_Exhibit_Opening.html

# 第2部

# 教育学部では
# こんなことをしています

第2部 第1章

# マルタ語学研修&小学校訪問・プレゼンテーション報告

和田 順一

　地中海にあるマルタ共和国に2019年2月17日（日本発）から3月18日（日本着）までの約4週間、語学研修（Malta University Language School：MULS）と小学校訪問・プレゼンテーション（St Theresa College Hal-Lija/ Hal-Balzan/ L-Iklin Primary）を

Malta University Language School

実施するために1期生10名を引率しました。学生はそれぞれ1〜2名に分かれ、HomestayをしながらMULSに通っていました。MULSはMalta Universityの寮に併設されており、そこにはプールやCafé（Bar）などもあり、大学生や語学学校に来る人が生活していました。

　語学研修の時間割としては下記のようでした。

［語学研修のみの日］
　9:00－10:30（90分）授業1
　10:30－11:00（30分）Break
　11:00－12:30（90分）授業2
　12:30－12:45（15分）Break
　12:45－13:45（60分）授業（Intensive）

［小学校訪問日］
　9:00－12:00（180分）小学校参観
　12:00－12:45（45分）Break
　12:45－13:45（60分）授業（Intensive）

マルタ語学研修&小学校訪問・プレゼンテーション報告

　多くの学生は海外が初めてであり、その初めての海外で4週間を Homestay で過ごすという貴重な経験をすることになりました。そのために10名で協力し、出発前に日本でマルタの様々な事について調べ、発表し、お互いの知識を増やしました。また小学校でプレゼンテーションを行うため、パワーポイントでスライドを用意し、発表するための原稿も準備しました。松本大学教育学部にとって、今回が初めての海外プログラムとなるため、小学生がどの程度英語を話せるのか、我々の準備したプレゼンテーションが通用するのかなど不安だらけでした。そのため、様々なパターンのプレゼンテーションを用意し、ある程度の状況に対応できるように準備をしました。

　成田から緊張した面持ちで飛行機に乗り込み、ドバイ、ラルナカを経由して約20時間かけマルタ共和国に到着しました。マルタには3月18日（月）14：00頃（現地時間）に到着し、その日は空港からバンに乗り、学生は各 Homestay の家庭へと向かいました。それぞれの家庭に到着すると、学生は友人が送迎のバンから減っていくのを、またほかの学生と離れていくのを心細そうに見ながら、Homestay 先へと行きました。

　その翌日から MULS での授業が始まりました。MULS の授業は、日本で事前に Online で受けたテストによってクラス分けされ、他の日本人や他国から英語を学びに来た人と共に英語を学ぶものでした。また小学校訪問の際には、前述のように、午前中の授業1・2の部分を小学校の訪問に充て、小学校で3時間の参観・プレゼンテーション後、MULS で Intensive course の授業を受けました。

## ［第一週　2019年2月17日（日）から2月24日（日）］

　第一週は、語学学校の授業のみでした。この期間は、まずマルタの生活に慣れることを目標としました。授業が終了後、バスに乗り Valletta へ向かい、散策等を行いました。海外でバスに乗るのも学生にとっては初めてのことで、一つひとつの行動が緊張しながら行うという感じでした。第一週の金曜日には、授業後にバスに乗り、Mdina（マルタの古都：Silent city Mdina）へ行きました。Valletta と同様に建物は Limestone

（石灰岩）でできており、その色の綺麗さや、かつての城塞都市であったことがうかがえました。第一週の週末にはSliemaとSan Gilianで多少の買い物をし（土曜日）、港町Marsaxlokkへの小旅行（日曜日）を企画していました。土曜日はSliemaで昼食を摂り、買い物をした後、San Gilianへ向かいましたが、途中、突然天候が崩れ、雹が降り始めました。雨宿りのためスーパーマーケットにいましたが、雷が重なり、天気は一向に良くなりませんでした。そのため、全員で意を決し、

バス停にて

古都 Msida 1

雹の降る中、バス停までずぶ濡れになりながら向かい、バスに乗り、各自家まで帰宅しました。その天気の悪さは日曜日も続き、Marsaxlokkへの小旅行は中止となりました。後で聞くことろによると、ここ30年でもこんな天気はマ

古都 Msida 2

週末の嵐

ルタにはなかったとのことでした。日曜日に外出してはみましたが、海岸線側は木や街灯が倒れたり、店が壊れたりしており、次の月曜日にはその様子が明らかになりました。

## [第二週　2019年2月25日（月）から3月3日（日）]

　第二週の月曜日は初の小学校での観察から始まりました。MUSL の向かいにある小学校で授業を参観させていただきました。授業は1・2時限と3・4時限が連続して行われ、その間に食事の時間や遊びの時間の長い休みが入るものでした。午後については、参観の対象ではなかったため、どのような授業構成になっているかはわかりませんでした。訪問させていただいた小学校は Kinder という幼稚園のようなクラスから小学校6年生までいるクラスで構成されていました。どの学年もというわけではありませんが、低学年では児童が1クラス12～15名程度、先生やその補助となる人が計3名いるクラスや、高学年では13～14名のクラスに先生が一人というクラスもありました。いずれにしても、教員一人に対する生徒の数は圧倒的に日本より少ないという状況でした。学生はこの教室の様子や小学生の英語力に驚いていました。小学生の英語は高学年ではとても流暢なものでした。これらの授業を参観して第三週に実施するプレゼンテーションの調整する必要がありました。また学習内容としては、低学年では勉強の間に、週末に開催されるカーニバルを意識したと仮面の絵のデコレーションを行っていました。

　月曜日の小学校訪問以外は、第二週は MULS での英語の学習が中心でした。第二週の週末から第三週の月曜日・火曜日は、マルタはカーニバルが開催され、Valletta の町中に仮装をした多くの人や Float（山車）が出ていました。このカーニバルの期間には、訪問している小学校も第3週の月曜日と火曜日は休みとなり、子どもたちもカーニバルに参加していました。日曜日にはカーニバルも盛況を迎えるとのことでしたので、週末の土曜日にはマルタ北部の Aquarium や Popeye Village を訪問し、その途中に海に寄り時間を費やしました。日曜日には Valletta でカーニバルを観ました。カーニバルは想像以上のもので、学生もその規模や音、

活発さに驚いていました。

Carnival Float

水族館

海にて

Popeye Village にて

### [第三週　2019年3月4日（月）から3月10日（日）]

　第三週は3月6日（水）に小学校での参観、7日（木）に小学校での初プレゼンテーションを控えていました。そのため、第三週の月曜日と火曜日を使い、MULSの空き教室を借りて小学校でのプレゼンテーションの練習を、MULSの授業終了後に行いました。6日の参観後は、それぞれの学生が見てきた学年の情報交換を行い、どのようなプレゼンテーションが良いかを考えていました。

　7日のプレゼンテーションでは、小学校側の授業の忙しさのためか実際にプレゼンテーションを実施できないクラスもありましたが、いくつかのクラスでプレゼンテーションを実施しました。計画通りに授業を実施できた学生や、計画通りにいかない学生などそれぞれでしたが、もの

マルタ語学研修&小学校訪問・プレゼンテーション報告

を教えるということの第一歩を踏み出しました。

　週末の土曜日にはGozo島観光へ行き、日曜日にはMarsaxlokkのMarketを見に行きました。どちらの旅行も、最初はResidence内にあるパック旅行を薦めている所を通じて実施しようとも考えましたが、リーダー・副リーダー・会計が三人で計画をし、全員でバスを乗り継ぎ、旅行を実施しました。Gozo島ではHop on Hop offバスに乗り、波の浸食で出来たBlue holeや海を見たり、巨石を使った遺跡（Ggantija）を見学しました。また日曜日のMarsaxlokkでは帰国日も近いため、友人や自分への土産を購入していました。

Marsaxlokk

Shopping at Marsaxlokk

## [第四週　2019年3月11日（月）から3月17日（日）]

　第四週は月曜日と木曜日に小学校観察とプレゼンテーションがありました。月曜日のプレゼンテーションを低学年で行ったグループは、小学校1年生には英語が通じにくく、担任の先生がマルタ語に訳してくれたり、小学校1年生には教材が難しく、実際に体験をさせてみるとうまくいかなかったり、また言語的問題で上手にグループのサポートに入れなかったりするなどの経験をしました。それらの経験から、教材はどのようにあるべきなのか、児童がその教材を使用する時の観点はどのようにあったらよいのか等、いろいろなことに気が付かされました。多少落ち込んでいる学生にMULSのトップであるMs. Jean Bonniciがいろいろな

75

教職経験について話をしてくださり、英語で「もし全力を尽くして実施したのであれば大丈夫。何も心配することはない。」と励ましの言葉を学生にかけてくれました。これらの経験を活かし、木曜日のプレゼンテーションに向け、再度グループで内容を検討し、どのように協力していけばよいのか等について話し合いをし、プレゼンテーションに臨みました。

[終わりに]
　最後の小学校でのプレゼンテーションが終わり、また金曜日にはMULSでの授業も終了しマルタでの語学研修・プレゼンテーションは無事終了しました。小学校の訪問では観察やプレゼンテーションの成功・失敗から多くのことを学びました。また言葉では語りつくせない経験やHost familyとの関係を築いてきました。これらの学びや経験を、3年次の小学校での教育実習で、授業や教材研究、児童との関係作りに活かしていくためにしっかりとリフレクションを行い、この旅行で学んだことを深めてもらいたいと思っています。

第2部 第2章

# 特別活動と学級の人間関係づくり

岸田 幸弘

## 【その1】
## 特別活動の意義と学級集団

### 1．教職課程における人間関係の育成（「特別活動の指導法」から）

　教育課程の中で学級集団づくりや人間関係の育成、コミュニケーション能力の育成等は特別活動がその多くを担っている。中学校学習指導要領（特別活動編）では特別活動の目標を次のように示している。

> 【特別活動の目標】（中学校学習指導要領特別活動編から）
> 　<u>望ましい集団活動</u>を通して、心身の調和のとれた発達と個性の伸長を図り、集団や社会の一員としてよりよい生活や<u>人間関係を築こうとする</u>自主的、実践的な態度を育てるとともに、人間としての生き方についての自覚を深め、自己を生かす能力を養う。
> 　　　　　　　　　　　　　　　　　　　　　　　（下線は筆者）

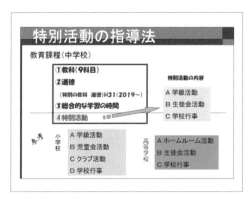

　以下、本学での『特別活動の指導法』の授業で使用しているPPT資料を活用して、説明したい。

　学級活動、生徒会活動そして学校行事からなる特別活動は、すべて「望ましい集団活動」を通して行われ、それによって「より良い人間関

77

## 学級活動の目標(P25)

- □ 学級活動を通して、望ましい人間関係を形成し、集団の一員として学級や学校におけるよりよい生活づくりに参画し、諸問題を解決しようとする自主的、実践的な態度や健全な生活態度をそだてる。

| キーワード | 望ましい人間関係:自他の個性の尊重、集団の一員としての役割と責任、互いに尊重、開かれた人間関係 |
|---|---|
| | 自主的、実践的な態度:学級や学校づくりへの参画、問題や課題への取り組み |
| | 健全な生活態度:日常の生活での行動の仕方、集団の一員としての在り方、学級への適応 |

---

## 学級活動の内容(P26～)

(1)学級や学校の生活づくり
　学校、学級における集団生活の充実・向上に参画する活動。

- ア　学級や学校における生活上の諸問題の解決
- イ　学級内の組織づくりや仕事の分担処理
- ウ　学校における多様な集団の生活の向上

---

## (1)学級や学校の生活づくり

| 学級とは何か | ・学校生活に慣れる基本の場<br>・人間関係を築く所<br>・学習活動を展開する<br>・生活上の問題に取り組み、集団生活を作り上げるところ |
|---|---|
| | (1)は学級成員に共通する問題・活動 |
| 学級の条件 | 一人ひとりが存在感を感じられる(自分らしさを発揮できる)<br>安定した学習環境である<br>心の居場所になっている<br>　(安心、緊張や不安がない、存在感がある)<br>生徒の自発的、自治的な活動の場 |
| 生活づくりの3項目 | ア　学級や学校における生活上の諸問題の解決<br>イ　学級内の組織づくりや仕事の分担処理<br>ウ　学校における多様な集団の生活の向上 |

---

係」を築こうとする態度を育てることを目的としている。

特に学級活動はその目的にもあるように、望ましい人間関係を形成して、健全な生活態度を育てることを謳っており、学級という集団がいかに学校生活の中で重要な位置を占めているかがわかる。

その学級活動の中身は次の3つの項目からなる。

①学級や学校の生活づくり
②適応と成長及び健康安全
③学業と進路

中でも学級の人間関係づくりにとって大切なのは①の学級や学校の生活づくりであろう。学級の生活上の諸問題を解決したり、組織を作って役割分担したり、さらに生活の質を向上させ、楽しい学校・学級生活を送れるようにするのが学級活動である。

具体的には学級会を開いて話し合い活動をしたり(問題の解決や役割決めなど)、学園祭やクラスマッチなどで、学級ごとの出し物や練習をするなど、仲間と協力・連携し、あるいは折り合いをつけ

特別活動と学級の人間関係づくり

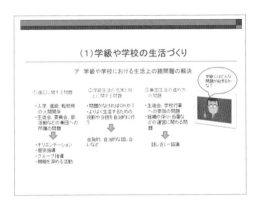

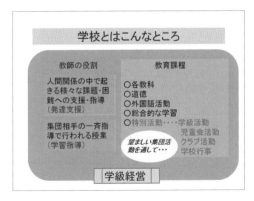

ながら人と交流してコミュニケーション能力を高めていく場である。時には学級独自の活動を展開し、われわれ意識の醸成を図る活動も行われる。

学級の人間関係は個人が数人でつながり、小グループができて、グループ同士のつながりや個人とグループの紆余曲折の経緯を経ながら、一つの大きな学級集団としてその凝集性を高めていく。

グループに属さない個人もいるだろうが、大きなくくりとして個人と各グループが全体としてまとまりのある集団になることができれば、そこには豊かなコミュニケーションが生まれ、一人ひとりの居場所が存在するようになる。学級集団づくりの大きな目的はそこにある。

こうした集団形成はあくまで一般論であり、実際の学校においては学級の中でいじめがおき、集団に不適応になる児童生徒もいる。男女の仲がうまくいかなかったりグループ間の抗争があったりして、

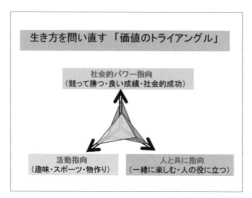

様々な生徒指導上の課題を抱えているのが普通である。

特別活動の指導法の授業では最後に集団の特性について学習する。

田上（2007）は児童生徒に示す生き方の指針として「価値のトライアングル」を提唱している。人と競って社会的成功を目指す「社会的パワー指向」や趣味や好きなことに没頭する「活動指向」も大切だが、人の役に立つ、人とともに楽しむ「人と共に指向」を今の時代にこそ大切にしたいという主張である。特別活動の目標と合致するものである。

また、児童生徒の登校要因を学生に考えさせると、「学習」「友だち」「先生」の各要因が出されることが多い。つまり勉強するため（できるようになりたい）、友だちと遊びたい、先生と一緒に活動したい（先生が尊敬できる）といった思いが子どもたちを学校に向かわせているということである。「友だち」「先生」は人との関わり要因であるこ

特別活動と学級の人間関係づくり

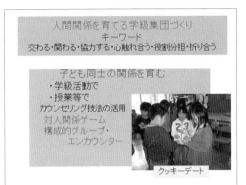

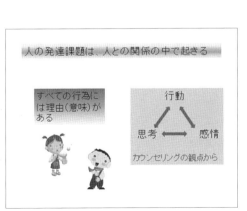

とはもちろんだが、「学習」も学級で集団として学ぶことが多い日本の学校においては人との関わり要因ととらえてよいだろう。

このように「望ましい集団活動」の経験を通して「より良い人間関係」を築く能力を身に着けることが特別活動の目的である。こうした体験によって教科学習における話し合い活動や学び合い活動が成立し、「主体的で、対話的な深い学び」が可能となる。つまり教科学習における教える授業から子どもたちが主体的に学び合う授業に変容することができるのである。その教科学習を横断的に学ぶのが総合的な学習の時間の学習である。

所属する学級集団の中に温かな人間関係があり、安心して過ごしながらそこに自分の居場所や生きがいが感じられ、自尊感情をもてるような人間関係が築ければ、総合的な学習の時間が目指すところのコミュニケーション能力や問題解決能力が身

81

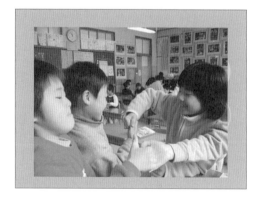

につくものと考える。

　子ども同士をつなげ、教師自身が子どもとつながる大切さを強調している。

　また、学級集団の理論的な学びと事例を通した実践的な学びを繰り返し行うようにしている。

　一般的に「集団」には目標とルール、役割がある。つまり学級目標やあいさつをしようといった全体が向かうべき方向が目標である。ルールは学習規律や給食、清掃時のきまりなど。そして係活動や班長、委員長などの役割である。

　しかし目標やルールを決めて役割を与えてもすぐに学級は崩壊してしまう。それはなぜかを考えるグループディスカッションなどを通して学生たちが最後にたどりつくのがお互いの思いや気持ちをしっかり伝えたり、理解し合うことの大切さだという。これをまとめて「感情の交流」とする。

　目標、ルール、役割の設定は教師による統制が簡単であ

特別活動と学級の人間関係づくり

るが、感情の交流は統制することは非常に難しい。そこに学級集団づくりの難しさがある。

　また、子ども同士をつなぐための対人関係ゲームや構成的グループエンカウンター等の具体例や、実際の学級活動の事例などに豊富に触れることで、集団づくりや学級経営の難しさだけではなく、その醍醐味や楽しさ、教師としてのやりがいなどを実感できるよう工夫しながら授業を進めている。


## 2．特別活動の指導法における導入の工夫

　特別活動の指導法の授業の導入では、必ず行う工夫がある。

「小中学校時代の一番の思い出は何ですか。」

　という問いによって、2つ程度の事例（トピック）をカードに書かせる。このとき、時間をかけずにぱっと思い出したことを書かせることにしている。黒板にはあらかじめ学生が書いたカードを張るためのスペースを図のように設定しておく。(教科) 等の項目の分類は学生のカードを張り付けてから明記する。

| (教科) | (道徳) | (総合) | （特別活動） | その他（部活動） |
|--------|--------|--------|--------------|------------------|
|        |        |        |              |                  |
|        |        |        |              |                  |
|        |        |        |              |                  |
|        |        |        |              |                  |

　次に学生が書いたカードを内容ごとに分類して貼っていく。学生はその分類の意味はまだ分からない。よく書かれるトピックは次のようなものが多い。（学生のカードから）

（教科学習）・小6のとき、自分が間違えた計算方法をみんなが話し合って、どうしてそういう答えになったのかを考えてくれて、（初めははずかしかったけど）嬉しかった。

（道　　徳）・自分がいじめられていたことを話して、みんなが真剣に話し合ってくれて、いじめがなくなったこと。

（総合的な学習の時間）
　　　　　　・総合の時間に動物を飼って、家では飼えないから嬉しかった。
　　　　　　・商店街の勉強をして、地元の新聞に載ったこと。

（特別活動）・合唱クラスマッチで毎年負けていて、今年こそはと頑張って、優勝したこと。
　　　　　　・修学旅行で○○しておもしろかった。忘れられない。
　　　　　　・3年生の遠足で動物園へ行って、サルに帽子を取られたこと。
　　　　　　・みんなで先生をからかって、先生が入ってきたときに皆で机を後ろに向けていたこと。
　　　　　　・5年のときの先生がいつもギターを弾いていて、昭和の歌（フォークソング）を歌わされたこと。
　　　　　　・クラスでお楽しみ会をやって、いつも落語の出し物をやっていたら、落語っていうあだ名になったこと。
　　　　　　・班替えのときに、いつも違う替え方を皆で考えて忘れられない。
　　　　　　・運動会の練習で一度も成功しなかったピラミッドが、本番で成功したこと。
　　　　　　・クラスで飼っていたウサギが川に流されていってしまったこと。
　　　　　　・生徒会長選挙に出て、落ちたこと。
　　　　　　・文化祭の仮装大会で遅くまでクラスのみんなと準備した時のこと。

（その他）・部活で県で優勝したこと。
　　　　　　・バレーで3年生のときにはじめてレギュラーになったこと。
　　　　　　・マーチングバンドで全国大会へ行ったこと。
　　　　　　・部活で部員をまとめるのが難しくて、悩んだときに、顧問に励まされたこと。
　　　　　　・遊び半分で入ったバスケ部で、本気になって……

ほとんど毎回同じような傾向がみられる。それは出されたトピックの

数の70%から80%は特別活動だということである。つまり学級活動、生徒会（児童会）活動、学校行事、クラブ活動（小学校のみ）の思い出がほとんどであり、中でも学級活動と学校行事が圧倒的に多い。もちろん授業としてではなく、クラスの仲間と遊んだとか、先生をからかったといった学級生活での出来事なども学級活動に含めることはある。

　教科学習や道徳はほとんどなく、総合的な学習の時間がいくらか出てくることがある。（ただし、学生たちは総合的な学習の時間なのか教科学習なのか、あるいは学級活動でやったことなのか判別していないことも多い）

　そして結構たくさん出てくるのに、その他に分類されてしまって不審に思われるのが部活動である。中学生時には部活動での出来事は思い出としては大きな比重を占めるであろう。しかし、部活動は教育課程には含まれていないことを、カテゴリーの分類を知りながら理解していくことになる。

　このような工夫によって、いわゆる特別活動（主に学級活動や学校行事）が思い出としてたくさん残っており、学校生活においてとても大切な活動なのだということを実感してもらうことをねらっている。

## 3．システムとしての学級集団

　他大学で実践してきた『学級経営研究』の授業で行っていた学級集団の特性及び学級集団の育成の理論と方法について、授業のPPT資料からその概要を紹介したい。

　個性豊かなちびまる子ちゃんのクラスには、多少のトラブルはあるもののいじめはない。不登校の子もいないし、学級崩壊もない。あの

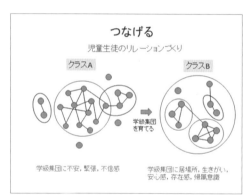

頼りなさそうな大石先生は、どんな学級経営をしているのだろうか。

　学級集団づくりや学級経営では「つながる」「つなげる」をキーワードにして授業を展開している。とっかかりとしてのイメージは、家族療法のジョイニング、カウンセリングのコーヒーカップ方式、お笑い芸人のつかみ、落語のまくらなどである。児童生徒のみならず、保護者や地域、同僚とのつながりが大切である。

　そしてもっと大切なことは児童生徒同士をつなげることである。みんなが仲の良いクラスにする必要はない。グループ化していても一匹狼がいても、全体としてまとまれる信頼感、学級にいて実感できる安心感、我々意識を育てることが大切であろう。

　そこで左の資料「児童生徒同士がつながっているクラス集団のイメージ」のような具体例を学生に示して討議させる。リーダーシップ論では意見が分かれて多様な議論が展

特別活動と学級の人間関係づくり

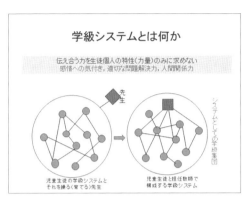

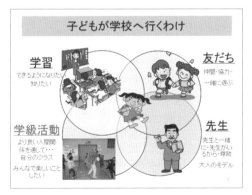

開されることが多い。

　学級集団のイメージを持ったところで、システム論からの学級集団を考えるようにしている。つまり児童生徒の関係性を第三者的に担任教師が育てていくのではなく、児童生徒とのつながりの一部として担任教師が強くつながり、教師も含めた関係性が一つのシステムを作っていることを学ぶ。

　家族療法などで活用されるシステムの考え方では、例えばＡ君の不登校は一見関係がないように見えるＢ君と先生の関係性が変化することで解決するかもしれないという発想を生み出す。

　最も大切にしていることは、担任教師も学級集団（システム）の一員であり、教師は児童生徒をどのようにつないで関係を育てるかという発想と、自分が児童生徒とどのようにつながっているかを自覚することが大切である。そしてその関係性を最も具現しているであろう学級活動をあえて登校要因の４番目に据え

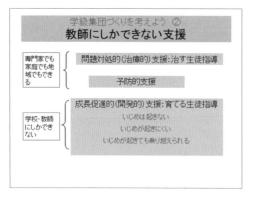

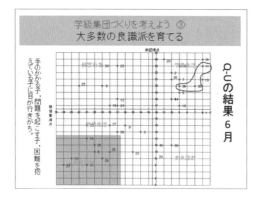

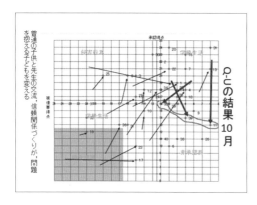

ることにしている。

　学校心理学では児童生徒の支援についてすべての子供を対象にした一次的支援（ガイダンス等）、一部の休みがちな子供などを対象にした二次的支援、そして発達障害やいじめ、不登校など、困難を抱えた特定の子供への三次的支援に分類している。これに倣って、学級集団が信頼関係に満ち、安心して発言できたりコミュニケーションが促進するような支援を成長促進的支援と定義する。また問題を事前に把握して支援しようとする予防的支援、困難を抱えた子供への問題解決的支援に分類して、全体で新しい生徒指導・教育相談の概念を構成することにしている。

　例えば学生たちは学級集団アセスメントQUの事例結果から、クラスをかき乱す3人仲間（青線の囲み）が4か月後に満足群から非承認群に変化した要因を考える。実は担任は生徒たちと一緒に給食を食べるように心掛けただけなのである。それだけでシステ

特別活動と学級の人間関係づくり

**学級集団づくりを考えよう ④**
**傍観者効果と準拠集団**

傍観者効果を生まない学級
　キティ・ジェノヴィーズ事件(1964) 婦女暴行殺人事件
・悲鳴を聞き、目撃した近所の住人38人、誰にも通報せず助けもしない
・社会心理学の実験から
　　①都会人の冷淡さではない
　　②傍観者が多いほど援助行動は起こさない(責任の分散効果)
　　③一人しかいなければ、ほとんどの人は援助する

準拠集団になる学級
・受験で不安なとき、クラスの集合写真を見る(クラスの仲間を思い出す)
・自分は○○中学校の生徒だから、信号を守ろう。

個人の行動規範や感情のより所が、集団の特性やルール、人間関係に準拠している

---

成長促進的(開発的)支援
いじめ・不登校の起こりにくいコミュニケーションのとれた
学級集団づくりのために

1. 構成的グループ・エンカウンターや対人関係ゲームの展開
　(教師主導でカウンセリング技法を活用した集団体験)
　※プロフェッショナル「鹿嶋真弓」

2. 楽しい学級活動の展開
　(児童生徒主導で、企画運営して達成する集団体験)
　※世田谷区立K小学校4年・団士団「家族の学習」

3. 対話のある授業の工夫
　(関わりや感情交流のある授業で、学びの集団体験)
　※M君の間違えた計算をしてごらん・学び合い学習

4. 自分(教師)と子供たちの関係づくり
　(温かなリレーションがあるか自問自答せよ)
　※小1,Y子の不登校

意味ある集団体験
子供をつなげ、子供とつながる

---

発達課題は、人との関係の中で起きる
よって、
解決の糸口は人との関係の中にある

集団とは？
豊かな人間関係とは？

人とのつながりが、いじめのない学級集団をつくる。コミュニケーションも同じ。

---

ムが変容し、良識派といわれる発言力は弱いがまじめに過ごしたい生徒が生き生きと過ごすようになった事例である。

　集団の特性として準拠集団の概念を学ぶようにしている。個人の行動規範（信号を守る等）や感情の拠り所（クラスの写真を見て落ち着く等）が、良くも悪くも所属している集団の特性やルール、人間関係によって左右されるということである。

　また、成長促進的支援としては構成的グループエンカウンターや対人関係ゲームの手法を、授業の工夫としては対話のある授業展開の方法（話し合いや議論の授業の方法）を、問題解決の話し合いばかりではない楽しい学級活動の展開の方法を事例を通して学ぶようにしてる。

　人の発達課題は人との関係の中で起きるので、解決の糸口も関係性にかかっていると考える。

　一方、システムとしての集団理論とは別に、集団形成の

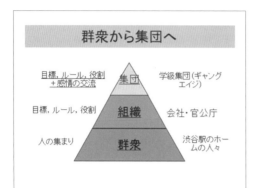

道筋を示すことで学級集団の特性を理解することも必要である。

駅のホームの人だかりは群衆。会社は目標とルールと役割があって組織になる。学級集団も組織ではあるが、この3つの要因だけではいずれは崩壊してしまう。なぜなら子供たち同士のつながりがないからである。このつながりを「感情の交流」という。認め合ったり、励まし合ったり、交流して協力し、時には折り合いをつけて人間関係能力を身につけていく。

学校教育においてはたまたま出会った30人の子供達を組織としてまとめ上げ、集団にまで高めていかなければ学級経営は成立しない。したがって集団になる（育てる）こと自体が学校教育の目標となる。

その他、授業などでの人間関係の育て方を事例を交えながら、また学生自身の体験を振り返りながら学ぶようにしている。

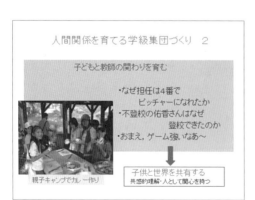

## 【その2】
# 対人関係ゲームで意味のある集団体験を

　田上（1995）は不登校児童の再登校を支援するための方策として、学級の仲間たちが鬼ごっこをやっている最中に、何気なくそのゲームに入り込んでしまえば、不安や緊張もなく、また迎え入れる仲間たちの戸惑いもなく、うまく再登校が可能となるのではなかという考えで、見事に支援を成功させている。筆者らは田上の主宰する研究会でゲーム（遊び）のもつこうした効用を児童生徒の不登校や不適応、いじめ、発達障害への対応、学級崩壊等、様々な問題対応に活用しようと実践を積み重ねている。

　また、対人関係ゲームを活用して学校の不登校児童を激減した事例（岸田、2016）や、発達障害をもつ児童と学級の仲間たちの関係の変容によって、個人も集団もいごこちが良くなった事例等を紹介したい。

## 1. 対人関係ゲームのねらいと考え方

　以下、研修会等で使用するレジュメ資料から。

対人関係ゲーム研修会 　　　　　　　　　　　　　　　　　　　　岸田幸弘
### 対人関係ゲームの理論と実践
#### Social Interactive Game`s（SIG）

### 1. 対人関係ゲームのねらい
　学級集団における人間関係づくりのための教育技法ともカウンセリング技法ともいわれている。集団を対象にしたカウンセリング技法としては、構成的グループエンカウンターとこの対人関係ゲームが学会では認められている。
　不登校やいじめ等多くの発達課題は人間関係の中で起きるということ

を考えれば、その解決方法も人間関係の中にあるはずである。その場（学級集団）の中で起きたことは、その場（学級集団）の関係性の中で解決するという生徒指導の原理とカウンセリングの原理は同じである。

## ２．対人関係ゲームの考え方
（１）不安の逆制止

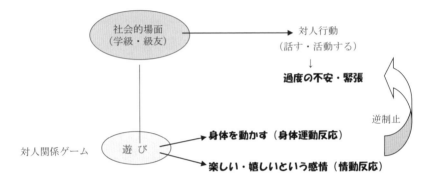

※「遊び」は過度の不安や緊張を持ちやすい社会的場面（対人行動）であるが、同時に身体を動かしながら楽しいという思いがもてるので、不安・緊張を制止することができる。

　人と関わって一緒に活動したり、人前で話したりすること（対人行動）に不安や緊張が高いと、人は固まってしまって社会的活動（学校へ行くなど）ができなくなってしまう。しかし同じ社会的場面でもゲームや遊びなら結構人と関わることはできるかもしれない。なぜなら遊びには体を動かしたり声を出したりという身体運動反応が含まれ、かつ、ワクワク・ドキドキしたりする情動反応も含まれている。この楽しい感情や嬉しい感情と身体運動反応は、過度の不安や緊張で固まってしまう反応とは両立しない。つまり不安や緊張で固まりながらも、ワクワク・ドキドキして楽しいということにはならないのである。必ずどちらかの反応が生じるはずである。見方を変えると運動反応と情動反応が不安や緊張をやっつけてしまうように見ることができる。これを逆制止という。
　初めの事例のように再登校の意欲は出てきたが、緊張でクラスに入れないときにその緊張感を鬼ごっこにいきなり参加することで逆制止し

て、面白い体験に変えてしまったのである。みんなと楽しく鬼ごっこができた不登校児童は、もう登校することに不安や緊張を感じることはないだろう。

（2）「群れ」をつくる

> ・リーダーの下で目標を達成する
> ・リーダーが次々に出てくる
> ・リーダーを支えるメンバーがいる
> ・メンバーに役割が意識されている
> ・すべてのメンバーが必要とされている
> ・達成することを経験している
> ・集団との一体感（居場所の実感）がある
> ・仲間であることを共に喜んでいる

先にも紹介した通り、「群れ」づくりのイメージである。対人関係ゲームが最終的に目指すところは、こうした学級集団の姿である。

（3）価値のトライアングル

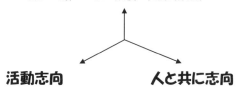

学級集団の中に仲間と共に活動したい、一緒にやり遂げたから楽しかった、仲間から認められたからこのクラスにいたいという実感が持てるようなが学級にするための基本理念である。

(4)変容のメカニズム

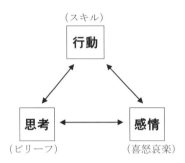

　そもそもカウンセリングでは「思考」と「行動」と「感情」はリンクしていると考える。
　ゲームに参加すると(行動)楽しい、ワクワクするといった感情(喜怒哀楽)が沸き起こり、仲間と遊ぶのは大切なことだとか、仲間を大切にしなければならないという(思考)が生起する。
　行動、思考、感情のどこにアプローチしてもリンクしているので子供たちの心には様々な思いが沸き起こることになる。対人関係ゲームに限らず、授業でも普段の生活でも同じことである。

## 3．ゲームの種類と働き

| ゲームの種類 | 課　題 | 代表的なゲーム |
|---|---|---|
| ①交流するゲーム | 関係する | ひたすらジャンケン・あいこジャンケン・木とリス・ジャンケンボーリング・足し算トーキング・探偵ごっこ・クッキーデート・フルーツバスケット　等 |
| ②協力するゲーム | 人と楽しむ | 凍り鬼・手つなぎ鬼・人間知恵の輪・カモーン・スクイグル・人間椅子・六ムシ・探偵社ゲーム　等 |
| ③役割分担し連携するゲーム | | くまがり・サッカー　等 |
| ④心を通わすゲーム | 人と折り合い自分と折り合う | わたしの木・ユアストーン・別れの花束・いいとこ探し　等 |
| ⑤折り合うゲーム | | 新聞紙タワー・二人でコラージュ・みんなでコラージュ・協同絵画　等 |

特別活動と学級の人間関係づくり

椅子取りゲーム

木とリス

人間知恵の輪

震源地は誰だ

くまがり

ひたすらジャンケン

私の木（ネイチャーゲーム）

この木だよ。
よく触って、感じて、覚えてね。
あとで、探してもらうからね。

クッキーデート

特別活動と学級の人間関係づくり

　基本的には交流するゲームはとにかくたくさんの人とじゃんけんなどをして関わり、交流することをねらっている。協力するゲームは、知恵や力を合わせて楽しむゲームである。役割分担し連携するゲームは「くまがり」に象徴されるように、一人ひとりの役割があって、それをもとに協力したり連携したりして、勝敗を楽しむ高度なゲームである。心を通わすゲームはお互いの人となりを感じ取って気をプレゼントしたり、よいところを伝えあったりする。最後の折り合うゲームは、個人の考えや思いを出し合ったうえで、全体として一つのアイデアに集結させてから競い合うゲーム（新聞紙タワーなど）や、ノンバーバルでグループの成員が一斉に絵を描き合って作品を完成させる（共同絵画）などがある。自分の思いと相手の思いの折り合いをどうつけるかが面白いゲームである。

## ４．対人関係ゲーム・プログラムの各論
　①不登校の子どもの学級復帰支援プログラム
　　　・過度の不安の克服
　　　・受け入れる子どもたちの支援
　　　（関係をつけるゲーム・協力するゲーム）
　②発達障害児と学級づくり支援プログラム
　　　・仲間意識の醸成
　　　・発想のユニークさの承認
　　　（関係をつけるゲーム・協力するゲーム・連携するゲーム）
　③学級の人間関係づくりプログラム
　　　・集団としての発達
　　　（関係をつけるゲーム・協力するゲーム・連携するゲーム・折り
　　　　合いをつけるゲーム・心通わすゲーム）
　④崩壊学級復興支援プログラム
　　　・みんなで楽しむ体験
　　　・自発的にルールを守る体験
　　　（関係をつけるゲーム・協力するゲーム・折り合いをつけるゲー

97

ム）
　⑤男女の交流促進プログラム
　　　・てれ・不安の解消と交流
　　　・相互理解、尊重
　　　（関係をつけるゲーム・協力するゲーム・折り合いをつけるゲー
　　　ム）
　⑥ソーシャルスキル学習プログラム
　　　・ソーシャルスキルの獲得
　　　・ソーシャルスキルを活用する基盤となる人間関係
　　　（関係をつけるゲーム・協力するゲーム・連携するゲーム・折り
　　　合いをつけるゲーム）

## 5．ゲームの展開

| 1．インストラクション | ねらいの説明 | どのような活動を通して、経験してもらいたい内容を説明する。 |
| --- | --- | --- |
| | やり方の説明 | 展開の仕方、ルール、終わり方（モデルを示す） |
| 2．ゲームの実施 | 観　察 | 参加の様子（楽しそうか嫌々か等）何を体験しているか（心の推察） |
| | 介　入 | ルール違反や無視、理解不足心の混乱、不安定 |
| 3．振り返り（必要な場合のみ実施） | やり方の説明伝え合い | 用紙への記入、語り合い相互に体験したことを語り合う。（共感、自分の意識の明確化、相違点理解） |

　インストラクションのねらいの説明とは、「みんなで協力して」とか
「信頼し合って」などという説明ではない。楽しさやワクワク感のことで
ある。何を体験するかは個人に任せ、信頼感を体験してくださいなどと
は言わないようにする。
　ゲーム中には構成的グループエンカウンターと同様に、よく観察して
必要によって介入する。特にルールの不徹底やいさかいなどでは、関係

特別活動と学級の人間関係づくり

がこじれることがあるので注意する。

　振り返りは基本的に行わない。何を体験したかを知るためには後述するフィーリングシートを使い、後で学級だよりで紹介したり、児童に披露したりする。


## ６．ゲームの選択とプログラムの作り方

（１）集団の育ちを見極める（アセスメント）

　①集団がどんな状態にあるかをよく見極める。

　②「楽しい学校生活を送るためのアンケート（Ｑ－Ｕ）」等の活用

　③アンケート等で個人と集団の関係を理解する。


（２）ゲームの種類とプログラムの決め方の原則

| 種　類 | 交流するゲームと協力するゲームを繰り返し、集団の実態に応じて他のゲームをおり混ぜる。直線的よりも繰り返しながら進むことが一般的。 |
|---|---|
| 運動量 | 静と動のリズムを考え、組み合わせを工夫する。一般的には緊張や不安を取り除くために、運動量の多いゲームを初めに行うことが多い。 |
| 自由度 | 不安や緊張が高くてあまり積極的に参加しなくても、周囲の仲間が関わってきて一緒に体験できるゲームは自由度が高い。すべての仲間が参加しないと成立しないゲームは自由度が低い。基本的には自由度が高いゲームから、低いゲームへ移行する。 |
| ゲーム性 | ウキウキ・ワクワクして楽しいゲーム性の高いものから、深く感じたり、考えたりして内面にはいるようなゲームへと移行する。 |


（３）ゲームの順序の決め方

　①参加者のかかわりの質と量を段階的に高める

　②段階的に高度な社会的スキルを入れていく


（４）ゲームの紹介とフィーリング・シートの活用

　シートを使ったゲームをいくつか紹介する。『探偵ゲーム』はペアでじゃんけんして勝った人から相手に一つずつ質問して、当てはまったら一人見つけたことになり、名前を書く。全員見つけた人が優秀な探偵ということになる。構成的グループエンカウンターなどでもよく行われる

99

ゲーム（エクササイズ）である。他者理解の項目に分類されることが多いが、実は自己理解にもつながる面白いゲームである。なぜなら、自分への質問が結構偏るからである。「これ*ばかり*質問されたよ。そんなイメージに見られているのかな。」といった具合である。学級の実態や学校行事などに合わせてシートの内容を工夫して、随時作り変えるとよい。

　次のアドジャンシートは、5〜6人のグループでじゃんけんをして、全員の出した指の合計によってシートからお題を決定して、順番に話していくというゲームである。偶然性とテンポよく順番に全員が自己開示するのが面白い。

　フィーリングシートは誰もが簡単に記入できるように、自由記述をなくしてもよい。後半の①〜④は「私ががっかりしたことは…」のように、リード文をつけることで書きやすくなるように工夫されている。文章完成法の活用である。

# たんていゲーム

　これから名探偵になって次のことに当てはまる人を探しましょう。当てはまる人が見つかったら、項目の下に名前を書いておきましょう。　　　　　　　　名前＿＿＿＿＿＿＿＿＿

１．カメを飼ったことがある（飼っている）。（　　　　）

２．兄弟が４人以上いる。（　　　　）

３．焼き肉よりもお寿司の方が好きだ。（　　　　）

４．ミステリーが好きで，よく読んでいる。（　　　　）

５．低学年の子供の面倒を見るのが好き。（　　　　）

６．この夏休みにキャンプに行く予定だ。（　　　　）

７．新しい自転車を買ってもらった。（　　　　）

８．中学へ行ったらバスケ部に入りたい。（　　　　）

９．家族全員の誕生日を知っている。（　　　　）

１０．オリンピックではカーリングが面白かった。（　　　　）

# アドジャン　シート

①4－5人でチームを組む
②ジャンケンして、指の数を足して話題を決める
③最初の人から時計回りに同じ話題について話す
④前回最後に話した人から話し始める

| 指の数の合計 | ①1回目の話題<br>②2回目の話題 |
|---|---|
| 0<br>10<br>20 | ①最近あった、楽しい出来事<br>②最近あった、悲しい出来事 |
| 1<br>11<br>21 | ①夏と言えば・・・<br>②飼ったことのある動物とその名前 |
| 2<br>12<br>22 | ①無人島に持っていきたいものは<br>②宝くじで7億円当たりました。どうしますか。 |
| 3<br>13<br>23 | ①最近、びっくりしたことは<br>②最近、「へぇ〜」と思ったことは |
| 4<br>14<br>24 | ①社長と副社長、どちらになりたい（どうして）<br>②あなたの夢をひとつ教えて |
| 5<br>15<br>25 | ①家族で海外旅行に行くならどこ（なぜそこなの）<br>②好きな人と旅行に行けるとしたら、どこに行きたい |
| 6<br>16<br>26 | ①得意を伸ばしたい、それとも欠点を直したい（どうして）<br>②自分の魅力はどこ |
| 7<br>17<br>27 | ①結婚するならどっち。お金はあるが退屈な人・おもしろいが貧乏<br>②結婚していて独身と間違われたらどうする。訂正する・訂正しない |
| 8<br>18<br>28 | ①好かれるのと、好きになるのはどっちがいい（どうして）<br>②選ぶならどっち。安定した人生・山あり谷ありの人生 |
| 9<br>19<br>29 | ①温泉に入ろうとしたら混浴でした。あなたならどうする<br>②一人で山道を歩いていて汚れた1万円札をみつけました。あなたなら<br>　どうする。 |

特別活動と学級の人間関係づくり

# フィーリングシート

年　組　番　氏名

今日のゲーム

月　　　日

　今、どんな気持ち？　やっと終わった？　もっとやりたい？　つまらなかった？　楽しかった？どんな気持ち、もみんなあなたの宝物です。そんなあなたの気持ちを、教えてください。今の気持ちをそのまま書いてね。

## 次の文に続けて、あなたの気持ちを書いてください。

1．僕、私が嬉しかったことは・・・

2．僕、私がおどろいた（びっくりした）ことは・・・

3，僕、私ががっかりしたことは・・・

4，僕、私が気づいた（発見した）ことは・・・

## 【ゲームの展開案】の書き方

| ゲーム名 | 凍り鬼 | | |
|---|---|---|---|
| リーダー名 | リーダー　岸田　幸弘 | サブリーダー　吉岡　典彦 | |
| ゲームで期待できる体験（ねらい） | ①助け、助けられるという協力関係によって、自分が人の役に立ったり優しくしてもらったりする体験ができる。<br>②人間関係が固定的になり、もう少し幅広い人間関係が必要と思われるクラスや、学級編成替えの初期の関係づくりに効果的。 | | |
| 準備するもの | お助けカード・ストップウオッチ | | |
| 展開 | リーダーの動き | 参加者の動き | 留意点 |
| 1．準備 | ・鬼以外のメンバーに一人5枚の「お助けカード」を配布し、使い方を説明する。 | ・カードに自分の名前を書く。 | 男女で色を変える<br>・参加者の体力などを考慮し、安全島（マットなど）を設置し、その上では30秒間休憩できる。 |
| 2．説明 | ・鬼に捕まったらその場で、その時のポーズで凍って動けなくなります。全員が凍らされたらゲームオーバーです。<br>・逃げている人は凍っている人にお助けカードを1枚渡すと融けて生き返り、ゲームに復帰できます。 | | |
| 3．ゲームの実施 | ・鬼を集め目をつぶって10数えさせる。そのあとでゲーム開始。<br>・ゲーム終了後、助けられたカードを確認し、一言コメントを書いてから助けてくれた人にカードを返す。 | ・鬼が10数えている間に遠くに逃げる。<br>・お助けカードで仲間を助ける。<br>・カードを元に戻す。 | |
| 4．新しいルールを考える | ・参加者の特性に応じて、みんなが参加しやすいルールややり方を提案する。 | ・みんなでルールを変更したり、新しい凍り鬼を考えたりする。 | |
| 5．○○鬼 | ・大の字鬼、バナナ鬼、ガッチャン鬼、 | | |
| 6．振り返り | ・自分たちでルールを工夫して実施した鬼ごっこはどうだったか振り返る。 | | |

　本稿は松本大学教職センター授業実践報告シリーズ14　「総合的な学習の時間を成功に導く教職課程での学び〜学級システムの変容による学級集団づくり〜」（岸田、2018）からの抜粋である。

第2部 第3章

# 松本大学社会進出支援センターにおける就労支援の取り組み
~特別支援学校高等部生徒の職場実習~

小 島 哲 也

共著者／小林敏枝・内藤千尋・國府田祐子・澤柳秀子

## Ⅰ．社会進出支援センターについて

　特別支援学校高等部卒業生の一般就労は、近年の障害者雇用に関連する法改正や経済状況の変化によって全国的に改善の傾向にあるが、依然として厳しい状況にある[1-3]。長野県教育委員会の報告によると、県内の特別支援学校（国立大学附属1校を含め計20校）の2017年度高等部卒業生（計368名）の進路状況は、社会福祉施設等が245名（66.6%）、一般就労が98名（26.6%）、進学・その他が25名（6.8%）であった。一般就労は2016年度（26.2%）から微増してはいるが横ばい状態で、全国平均（2017年5月集計30.1%）と比較すると長野県は明らかに低いことが分かる。そのため、特別支援学校では卒業後の自立と社会参加に向け、早い段階からのキャリア教育の導入、進路学習や職場実習による就労支援の充実、関係機関との連携強化、等の取り組みが求められている[4-7]。
　このような状況の中、松本大学では2017年4月の教育学部開設を機に特別支援学校卒業生の雇用拡大と就労支援の推進を目的とした社会進出支援センター（以下、センター）を学内に設置した[8]。センター設置の1年後には、実習用フィールドとして利用する附属農園（約2a）を整備し、農園の維持管理と就労支援を担当するパート職員1名（以下、支援員）を採用した。
　本稿は、社会進出支援センターにおける就労支援の取り組みとして初めて行われた特別支援学校（知的障害）高等部生徒の職場実習について、

その概要をまとめた。実習の内容、評価結果について報告し、今後の就労支援における課題を指摘する。


## Ⅱ. 職場実習について

### 1. 実習生のプロフィール

　センターで職場実習（以下、実習）を行った生徒（以下、実習生またはＡさん）は、Ｙ特別支援（知的障害）学校高等部３学年に在籍する男子。実習開始時の年齢は17歳Ｘ月であった。卒業後の一般就労を目指し、これまでの作業学習の発展と社会自立準備の学習の機会とするため現場実習を計画したい、という学校の依頼を受け、本人面接を行った結果、Ａさんを実習生として受け入れることを決定した。

　Ａさんには中程度（推定）の知的障害（療育手帳の等級はＢ１）があり、自閉症スペクトラム障害（広汎性発達障害）に特徴的な行動特性も認められた。表１にＡさんの実習目標と学校生活におけるプロフィールを示した。前年度（高２）の担任が作成した資料から抜粋したもので、実習の事前打ち合わせの際に「実習生についての連絡事項」として資料提供された。普段の学校生活の様子が６つの側面について具体的に書かれている。特に、自閉性障害に特有の対人関係やコミュニケーションの特徴、認知特性、こだわりに関する内容は、全実習を通して有用な支援情報となった。


### 2. 実習の目標

　学校ではＡさんの実習に２つの目標を掲げた。その１つは「指示されたことに意識を向けて、目の前の作業に時間いっぱい集中して取り組むことができる。」であった。指示理解や注意の集中・維持に困難を示すことの多い知的障害児に共通する内容である。プロフィールに書かれているように、Ａさんは、周囲の人から声がけや指差し、助言等を繰り返し受けることで、指示内容を理解（意識化）し先を見通す力を少しずつ身につけていた。

松本大学社会進出支援センターにおける就労支援の取り組み

表1　実習目標とプロフィール〈注〉

| | | |
|---|---|---|
| 実習の目標 | | ◎指示されたことに意識を向けて、目の前の作業に時間いっぱい集中して取り組むことができる。<br>◎時と場をわきまえた会話の仕方に気をつけて、作業所の方と仲良く過ごすことができる。 |
| プロフィール | 健康面・体力面 | ○自宅からバス停まで30分歩いて登校するなど、体力はある。<br>○午後になると集中力が低下し、眠くなることが多い。　○座っていると姿勢が崩れることがある。 |
| | 生活面・学習面 | ○高2になってから寄宿舎での集団生活を始めた（月～水）。<br>○着替えは、繰り返し声がけしたり、着替えの後に指差し確認をするように助言すると、服の裾を整えたり、脱いだ服をカゴにいれたり、自分で気をつけようとしたりするようになった。　○自分の好きなこと（鉄道関係）に意識が向くと、やるべきことを忘れたり忘れ物が多くなったりする。　○小3程度の漢字の読み書きはできる。　○硬貨を数えるとき一枚ずつ数える。塊で数を数えることは難しい。　○二桁の加算や乗算ができ、電卓を使用しての小数の計算は意欲的。 |
| | 性格面 | ○いつでも周りに声を掛けてくれて、クラスを明るい雰囲気にしてくれる。　○交流や部集会など自分からいろいろな人に話しかけ、すぐに打ち解けて仲良くする姿が多く見られる。　○穏やかで、厳しく言われても落ち込むことなく、いつもの明るい性格を持続できる。 |
| | 作業面・技能面 | ○作業班は高1が農耕班、高2は木工班に属した。班で製作したものを人から褒められると素直に喜び活動への意欲を高めることができる。　○一つのことに固執すると他のことに注意が向かなくなることがあるが、作業内容や注意点を一緒に確認して見通しを持つことで作業技能が徐々に向上し、確実に取り組めるようになってきた。　○同じ作業を繰り返す中で何度か注意されたことは自分なりに意識できるようになってきた。 |
| | 人間関係・指示理解・意思伝達など | ○誰にでも気軽に自分から話しかけるが、相手の気持ちをあまり考えないためトラブルになってしまうことがある。　○自分の好きなことを一方的に話す。　○全体の指示で動くことができるが、他からの強い刺激があると自分の興味のあるほうへ傾倒することがある。 |
| | 持ち味・可能性 | ○新聞を読むのが好きで社会問題のニュースに興味がある。電車のことは特に詳しく、鉄道路線や車両名、過去の鉄道事故のことなどを記憶していて、よく話題にする。　○内容ややり方を指示するだけでなく、終わりを正確に示すことで活動を確実に終えることが多くある。また、終えた後に本人の好きな活動を用意することで集中して取り組むことができる。 |
| | 生活上の課題・配慮点 | ○初対面の相手にも友達のように話しかけることがある。その時は「今は話しません」と言ってください。　○ブツブツと独り言を言ったり汽笛の「ピー」の声を出したりする。その時は目の前のことに集中するように声がけをお願いします。　○吃音がある。その時は落ち着いて話すようさりげなく声がけしてください。 |

〈注〉実習①事前打ち合わせ資料「実習生についての連絡事項」より抜粋して引用、一部改変。

107

２つ目の目標は「時と場をわきまえた会話の仕方に気をつけて作業所の方と仲良く過ごすことができる。」であった。自閉症に特有の社会性とコミュニケーションの困難に関係する内容である。Ａさんは明るく穏やかな性格で、誰とでも親しくできる社交性がある。その一方で、状況把握、相手の意図や感情の理解に困難があり、本人の興味・関心に話題が集中し固執する傾向が強いことが課題として指摘されていた。

　以上のプロフィールと実習目標を踏まえ、知的障害や自閉症スペクトラム障害のある児童・生徒の就労支援に関する事例研究や関連資料[9-11]を参考にして実習の受け入れ体制を整えた。

## 3．実習の内容

　実習は、支援員と一緒に行う附属農園の畑仕事とその関連作業（①野菜の栽培・収穫；②作業所での野菜洗いと花栽培；③学内での野菜販売と美化活動）を中心に、2018年５月から11月まで、３期に分けて延べ30日間行われた。表２に年間（４～12月）の附属農園の農作業と関連作業を一覧にして示した。

　Ａさんの実習に農作業を取り入れた理由は、彼が学校の作業学習で農耕班メンバーとして積極的に活動していること、どの作業も安全面と体力面で問題がないこと、相互に関連する様々な活動を体験できること、であった。また、知的障害や精神障害のある人々の学習活動や生活支援、リハビリテーションに農業（農作業）を取り入れ、成果を上げている実践報告[12]の知見も判断材料となった。いずれの実習も、事前に学校関係者（進路指導主事、就職支援コーディネーター、担任）と打ち合わせを行い、その内容をもとに実施計画（作業内容と日程）を作成した。実習中、Ａさんは電車で自宅の最寄り駅から松本大学前の駅まで片道約20分の経路を一人で通勤した。以下に、各実習の概要について述べる。

表2　附属農園の作業内容（2018年4〜12月）

| | 作業内容　（〇花・野菜　◆畑） | | 実習、その他 |
|---|---|---|---|
| 4月 | 〇マリーゴールド、ミニひまわり、日々草の種まき；ラベンダーの苗植え；きゅうり、ミニトマト、ズッキーニ、ジャガイモ、長ネギの苗植え<br>◆土起こし、畝立て、マルチ張り、施肥、もみ殻混ぜ込み；水路掃除 | 農園看板設置<br>耕運機レンタル | |
| 5月 | 〇朝顔の種まき；シソ、トマト、茄子、さつまいも、枝豆の苗植え；ジャガイモ芽かき；花苗ポット移植、ラベンダー植付け<br>◆プラ支柱立て、黒マルチ張替え、草取り；散水、油かす・化成肥料の混ぜ込み | | 実習①<br>（5/28〜6/8） |
| 6月 | 〇いんげん、オクラの種まき；ズッキーニ人工授粉；ジャガイモ土寄せ；きゅうり、ミニトマト、茄子、ズッキーニの収穫；枝豆摘芯；花ポット構内設置<br>◆野菜用支柱立て、ネット張り；草取り、散水 | 作業小屋改修<br>野菜販売開始<br>（6/27） | 高綱中収穫体験<br>（6/21） |
| 7月 | 〇大葉収穫、花ポット販売<br>◆草取り、散水 | 作業所エアコン設置 | 実習②前期<br>（7/30〜8/3） |
| 8月 | 〇枝豆、オクラの初出荷；ジャガイモ収穫；きゅうり収穫完了；ミニトマト大量収穫<br>◆草刈り、散水 | | 実習②後期<br>（8/20〜24） |
| 9月 | 〇トマト収穫完了；春菊、大根、野沢菜の種まき；ニラ植付け | | |
| 10月 | 〇ニンニク種植え、さつまいも収穫 | 耕運機購入 | |
| 11月 | 〇玉ねぎ苗植え、ビオラ・パンジー鉢植え；大根販売（事務棟） | 作業小屋塗装<br>野菜販売終了<br>（11/25） | 実習③<br>（11/5〜16） |
| 12月 | ◆土起こし、畑片付け | | |

1）第一期

　第一期の実習（以下、実習①）は、一学期に2週間（5月28日〜6月4日、週末を除く実質10日）行われた。勤務は午前9時30分から午後3時30分までの6時間（昼休み1時間）であった。実習中は、朝のミーティング（はじめの会）で支援員と一緒に作業内容や手順を確認し、夕方（おわりの会）は一日のふり返りと日報記入を行った。

　午前中は毎日、施肥と畝立て等の準備を既に済ませた農園の畑へ支援員と一緒に移動し、野菜の種蒔きと苗植えを行った。途中、用具一式を

109

載せたリヤカーを慎重に押し引きし、周囲の安全を確認しながら移動する姿が見られた。午後は主に作業所で花の種まき、肥料や土の準備、その他の軽作業を行った。

　Aさんは学校の活動（農耕班）で農作業を経験しているため、畑仕事には初日から楽しく取り

[写真1]　ふり返りと日報記入＜実習①＞

組むことができた。初めての作業も支援員のモデルを観察しながら行うことができたが、手順の確認や指示を聴く際の集中が途切れがちで、支援員から注意、催促されることが時々あった。また、農園の畑のすぐ側に電車の線路と踏切があるため、作業中に電車が通過すると手を休め、車両を追視したり独り言（電車関連の話題）を言ったりすることが時々あった。

　全体を通して、Aさんは初めての実習を順調に乗り切ることができた。毎朝にこやかに挨拶をする彼は周囲の人たちの印象も良く、好意的に受け入れられた。なお、実習による緊張と疲れが影響したためか週末に発熱と下痢で体調を崩し、通院と自宅療養のため週明けの1日だけ欠席した。

2）第二期

　第二期の実習（以下、実習②）は、夏休み中の2週間（7月30日～8月3日、8月20日～24日：実質10日）に行われた。7月中旬から連日猛暑が続いていたため出勤時刻を早め、午前8時30分から正午までの半日勤務とした。作業所はエアコンがあるため室内作業は快適に行うことができたが、熱中症を回避するため屋外の農作業（野菜収穫など）は午前中の短時間に済ませ、その後は作業所で作業した。教育学部入口に飾っ

[写真2] 農園に隣接するひまわり畑
＜実習②＞

[写真3] 学内の美化活動
＜実習②＞

[写真4] 共同活動（新聞切り抜き）
＜実習②＞

[写真5] 共同活動（料理）
＜実習②＞

た花の水やり、4階フロアに設置された朝取り野菜コーナーの販売準備も実習②の日課となった。

実習②では、大学構内の教室で支援者（著者の小島と澤柳、共にセンター員）と一緒に行う共同活動（折り紙、新聞切り抜き、料理）を新たに取り入れた。実習①の農作業や日報記入の際に、Aさんの指先の細かな動作や力の入れ具合に難があることに支援員が気づき、爪噛みによる影響が考えられた。そのため、ハサミ、カッター、スティックのり、包丁などの道具を使う際の指先動作を観察し、対応方法を検討することにした。同時に、支援者との挨拶や会話、物のやりとりなど対人的コミュニケーションの行動全般を観察した。

全体を通して、Aさんは新しい作業や共同活動に興味をもって熱心に

取り組んだ。ただ、実習後半まで暑い日が続いたため、疲労が溜まった時に注意力、集中力が途切れてしまうことがあった。完成させた新聞記事のスクラップ帳は自宅へ持ち帰り、折り紙の作品は野菜販売コーナーの掲示板に飾ってもらった。なお、指先動作の観察は継続して行うことにし、爪噛みについては実習最終日に来学した保護者（母親）と相談し、家庭で様子を見てもらうことになった。

3）第三期

　第三期の実習（以下、実習③）は、二学期に2週間（11月5～16日；週末を除く実質10日）行われ、勤務時間は実習①と同じだった。Aさんの希望で、農作業以外に木工作業を新たに取り入れた。また、卒業後の就労生活に備え、社会的スキルトレーニング（SST）[13-15]の視点から会話練習を行った。

　会話練習は毎回、昼休み後の約1時間、Aさんと支援者、ボランティア学生1, 2名が参加し、実習②（共同活動）と同じ教室で計4回行われた。Aさんが大学生との会話を楽しむだけでなく、実習目標の「時と場をわきまえた会話の仕方に気をつけ（る）」ことを意識化できるように会話内容を工夫した。日毎のテーマ（①私の家族；②学校生活；③最近の出来事；④実習の成果）について、お茶を飲みながら自由な雰囲気で会話を楽しんだ。支援者はAさんや学生の発話、質問、応答等の機会と内

［写真6］大学生との会話練習
＜実習③＞

［写真7］作業小屋の塗装
＜実習③＞

容を調整する役割（ファシリテーター）を努めた。

実習2週目、畑で収穫したダイコンの販売を事務棟で行った。普段顔を合わせることの少ない方にもAさんの実習の様子を見てもらう良い機会になった。本人からは「声をかけてもらい嬉しかった」「大きなダイコンが沢山売れ

[写真8] 農園の野菜（ダイコン）収穫　＜実習③＞

てよかった。美味しく食べてもらいたい。」という感想が聞けた。実習最終日には担任と保護者（母親）も参加し、これまでの実習をふり返った。Aさんは、同席した全員に感謝の言葉を伝え、卒業後の進路や就労に向けて希望と抱負を力強く語ってくれた。

## 4．実習の評価

Aさんは実習①の欠席1日（校医の「出校停止」指示による）を除き、欠勤、遅刻、トラブルは一度もなく3期の実習を終えることができた。各期の実習終了後、「実習評価カード」を学校へ提出した。評価カードには、支援員と支援者の評価内容を取りまとめ、総合評価としての結果を記載した。14項目について3段階の基準で評価し、各項目に短いコメント（特記事項）を記入した。

表3に、各期の評価カードの内容を一覧にして示した。最下段に示した平均評価点は、各項目の評価結果（A、B、C）を点数化（それぞれ3、2、1点）して得られた平均値である。評価の結果、実習①は、14項目中11項目がA評価、3項目がB評価で、平均評価点は2.78だった。実習②は14項目中7項目がA評価、6項目がB評価、1項目（持続力）がC評価で、平均評価点は2.43だった。実習③は14項目中10項目がA評価、4項目がB評価で、平均評価点は2.71だった。実習期間を通して7項目（安全性、理解力、速度、責任感、体力、対人関係、言葉遣い）は毎回Aの高い評価が得られた。一方、実習②の項目「持続力」のみC評

表3　実習の評価（項目別）〈注〉

| | 評価項目 | 評価基準 | 実習① 5/28〜6/8（1学期） | | 実習② 7/30〜8/3、8/20〜24（夏休み） | | 実習③ 11/5〜16（2学期） | |
|---|---|---|---|---|---|---|---|---|
| | | | 評価 | 特記事項 | 評価 | 特記事項 | 評価 | 特記事項 |
| 1 | 準備・片付け | a. 自分からきちんとできる<br>b. 時々指示を必要とする<br>c. 言われるだけの片付けもできない | | | | （前回実習と同様） | B | 身の回りの片付けについては注意、指示する前に片付けられるようになった。 |
| 2 | やり遂げる力<br>（持続力） | a. 最後まで頑張ってできる<br>b. 時々中断するが、頑張ればできる<br>c. 気分のむらがあり、飽きやすい | B | 椅子、靴など、身の回りの物の片付けだけは指示しないとは行えない。 | | （前回実習と同様） | B | 実習②に比べ、持続力が伸びた。以前に注意していた、自分から片付けるようになった。 |
| 3 | きちんとやる力<br>（確実性） | a. 確実にできる<br>b. 時々確認が必要であり、飽きやすい<br>c. 大まかな作業はできるが、細かな作業は苦手 | C | 最後まで作業を行うには集中力が足りないことがある。 | C | 猛暑の中の実習で体力的にまいっていたこともあり、前回実習と比べて疲労が大きく作業中に影響した。 | A | 畑の大根の収穫、葉むしり、添削、袋詰めといった一連の作業を丁寧にできるようになった。 |
| 4 | 手先の器用さ<br>（巧緻性） | a. 手先の細かな作業もできる<br>b. 大まかな作業はできる<br>c. 手先の細かな作業は困難 | B | 支援者が確認を行うことがあるが、体調の時はすべて確実にできる。 | A | 指先の爪噛みの影響と思われる細かな部分は力が入らない作業も確実にできる。 | B | 作業道具、刃物、鉈やスプーンなど、指先の力を早く見ることができるため細かな作業が難しい。 |
| 5 | 安全性 | a. 危険物を理解し、適切な対応ができる<br>b. 教えられたことは守ろうとする<br>c. 注意散漫で、危険である | A | 道具類、化学の人れ道具等、対物等の道具の使い方も適切だった。 | A | 問題なし。 | A | 危険な面を十分に見られるが、下の収穫のように一連の作業を希望できるようになった。 |
| 6 | 指示の理解<br>（理解力） | a. 理解が早い<br>b. 時間をかければ、理解できる<br>c. 理解が難しい | A | 支援者の指示や作業をよく理解できていた。時折、傾聴するが注意の集中力がありました。 | A | 時々、支援者の指示を聞かないまま当たり取りすることがあった。 | A | 指示の仕方や内容にもよるが、実習作業の範囲内では理解力が優れている。 |
| 7 | 作業を速く<br>（速度） | a. 速い<br>b. 普通<br>c. 遅い | A | 十分に速度でこなすことができる。ただし、与えられた作業はこなせるので遅いとはでもかまわない。 | A | 問題なし。 | A | 問題なし。 |
| 8 | 任された仕事<br>（責任感） | a. 責任感が強い<br>b. 責任感は普通<br>c. ときどき責任感が欠ける | A | 目的意識、作業に対する意欲は強いと感じられた。 | A | 問題なし。 | A | 実習中の作業内容に困っていることはほぼ問題なし。 |
| 9 | 体力 | a. 力が十分ある<br>b. 力はまあまあ普通<br>c. 力が不足している | A | 問題はあり、体調不良による欠勤、長い時、実習中にもピークに達した。 | A | 今夏の実習ではさすがの体力も消耗してしまった。 | A | 実習中に大学生を交えて行ったSST（退所前や金銭会話練習もスムーズにできた。 |
| 10 | 人と仲良くする力<br>（対人関係） | a. 誰とでも仲良くできる<br>b. 指導してくれる人や好きな人とは交われる<br>c. 自分勝手で、人が嫌いで避けられる | A | 誰とでも仲良く好きな人と交われる。社会的存在をよく理解できる手持ちを持ち、大学でも評判が良かった。 | A | 実習中に大学生を交えて行った会話練習もスムーズにできた。 | A | 疲れたり気が進まない時でも傾聴することができ、退所前を除いても状態を保てるようになった。 |
| 11 | 進んでやる力<br>（積極性） | a. 自分から進んでできる<br>b. 決められたことはできる<br>c. 言われないとしない | B | 期間前の実習であったため自ら見通しを持って手探りでできることは困難だったように思われる。 | B | 上述（項目6）のような状況で注意、傾聴の姿勢が不十分になることがあった。今後の成長を望みたい。 | B | 上述（項目11）のような場合を除き、傾聴の姿勢がボードを受け入れることができるようになった。 |
| 12 | 指示を受ける態度 | a. 素直に指示を受け入れる<br>b. 繰り返しの指示を必要とする<br>c. すぐに指示に従うことができない | A | 素直な態度で支援者の指示を受け入れることができる。 | A | 疲れたり気が進まない時に指示に早く従えなかったりすることもあったが、問題ない。 | A | 時々、約束した場所などを忘れることはあるが、直に指示を受け入れるようになった。 |
| 13 | 言葉遣い | a. 正しく使える<br>b. 注意されると言い直そうとする<br>c. 注意されても直そうとしない | A | 問題なし。 | A | 問題なし。 | A | 問題なし。敬語の使い方等は大学生くらいになった。 |
| 14 | 質問する力<br>（意志伝達） | a. 声をかけられると質問できる<br>b. 自分から質問できる<br>c. 分からないことを質問できない | A | 問題なし。ただし、保のない質問が多かった。自分の興味・関心のある話題の質問が多かった。 | A | 具体的な事柄を分かりやすく質問すること、作業内容に関することなどは苦手。 | A | 質問をし、その内容を受け付け入れ対応することができる。問うという意志伝達は基本的に問題ない。 |
| | 平均評価点 | | 2.78 | | 2.43 | | 2.71 | |

＜注＞　評価（A, B, C）は、支援スタッフの段階評価（a, b, c）を総合した結果。
　　　　平均評価点は、14項目の評価結果を点数化（3, 2, 1点）して平均した値。

価となったが、特記事項にもあるように、実習前の7月中旬から続いた猛暑の影響で作業中の体力消耗と疲労が大きく、仕方のない結果であった。

　3項目（準備・片付け、確実性、積極性）は実習を通して毎回B評価であった。低い評価になった理由として、「作業を見通し次のステップを自分で判断することの困難さ」、「指示を待つ受け身の姿勢」などAさんの行動特性を挙げることができるかもしれない。しかし同時に、Aさんにも理解しやすい活動スケジュール（時間と内容）や作業手順の示し方、分かりやすいモデルや言語指示の出し方など、支援環境側の準備や工夫が不十分だったことが作業に影響した可能性もある。今後、自閉症スペクトラム障害の認知特性、応用行動分析に基づく支援アプローチなど、実習現場での具体的支援に役立つ研究知見[16, 17]を参考にして検討し、改善を図りたい。


## Ⅲ．社会進出支援センターの今後の取り組み

　特別支援学校における進路指導は、個別の指導計画、個別の教育支援計画（個別移行支援計画を含む）、作業学習、職業・進路相談、関係機関連携、職場実習を柱にして行われている。特に高等部における職場実習は「社会を知り、自分の将来を考える」ための大きな節目に位置づけられ、進路担当教員や就労支援コーディネーターが中心となり、ハローワークや受け入れ企業を含む関連機関との綿密な連携の下で行われる。今回の報告事例での経験からも、それぞれの事業所が職場実習を受け入れ、卒業後の就労につながる効果的な支援を行うためには、学校の進路指導の成果を活用すること、そのために教育現場と日常的な連携を築くことが、いずれも重要な条件になると思われる。

　長野県は最近、第3次長野県教育振興基本計画の個別計画として第2次長野県特別支援教育推進計画（2018〜2022年度）[18]を策定し、特別支援教育の目指すべき基本方向を「すべての子どもが持てる力を最大限に発揮し、共に学び合うインクルーシブな教育」と定めた。その中で、計

画推進の拠点となる特別支援学校の教育の充実を図るため、推進目標の1つに「卒業後の自立につながるキャリア教育の充実」を掲げ、以下の4つの具体的方針を打ち出した。①生徒が希望する進路を実現できる支援の充実；②地域と連携したキャリア教育の充実；③高等部における教育活動の充実；④生涯にわたる学びや社会とのつながりをつくる学習活動。これらの方針が県内の教育現場と各地域でどのように展開され実現されていくのか、今後の動向に注目し、成果を期待したい。

　社会進出支援センターでは、特別支援教育や障害者雇用の最近の情勢をふまえ、高等部生徒の職場実習を可能な限り受け入れ、学校や地域と連携して障害者の就労支援を積極的に推進する予定である。地域密着型大学に求められる課題解決と新たな課題発掘に向けた取り組みを今後も積極的に行っていきたい。

＋＋＋＋＋＋＋＋＋

<謝辞>

　Aさんの職場実習を受け入れるにあたり、Aさんのご家族、Y特別支援学校の先生方、学校法人松商学園および松本大学の関係者の皆様に、多大なご支援とご協力をいただきました。記して御礼申し上げます。また、実習を通して熱心に取り組み最後まで頑張ったAさんには、センター員一同、心より感謝し卒業後のさらなる活躍を期待します。

<付記>

　本稿に掲載した写真はすべて著者の小島が実習中に撮影した。写真の掲載については、Aさんと保護者、Y特別支援学校、その他関係者の承諾を得ている。本研究は、2018年度松本大学研究助成費（研究代表者・小島）より一部補助を受けて行われた。

**【引用・参考文献】**

1）　長野県教育委員会特別支援教育課「平成29年度特別支援学校高等部卒業者の進

路状況について」（2018）

https://www.pref.nagano.lg.jp/kyoiku/kyoiku/goannai/kaigiroku/h30/teireikai/documents/1037-h2.pdf（閲覧日2018.11.15）

2） 文部科学省「平成29年度学校基本調査（確定値）の公表について」（2017）

http://www.mext.go.jp/component/b_menu/other/__icsFiles/afieldfile/2018/02/05/1388639_1.pdf（閲覧日2018.11.15）

3） 文部科学省「平成30年度学校基本調査（確定値）の公表について」（2018）

http://www.mext.go.jp/component/b_menu/other/__icsFiles/afieldfile/2018/12/25/1407449_1.pdf（閲覧日2019.1.15）

4） 文部科学省「障害者の雇用を支える連携体制の構築・強化について」の改正について」（2014）

http://www.mext.go.jp/a_menu/shotou/tokubetu/material/1347813.htm（閲覧日2018.11.15）

5） 国立特別支援教育総合研究所（編著）『特別支援教育充実のためのキャリア教育ガイドブック』．ジアース教育新社（2011）

6） 菊池一文『特別支援教育充実のためのキャリア教育ケースブック』（第2版），ジアース教育新社（2012）

7） 尾崎祐三，松矢勝宏（編著）『キャリア教育の充実と障害者雇用のこれから』，ジアース教育新社（2013）

8） 小島哲也，小林敏枝，内藤千尋「松本大学における障がい者雇用の推進に向けた予備研究」．第6回松本大学教員研究成発表会抄録集，p. 31（2018）

9） 樋口陽子，納富恵子「知的障害特別支援学校における自閉症生徒の就労支援の取り組み」．『特殊教育学研究』，48（2），pp. 97-109（2010）

10） 高齢・障害・求職者雇用支援機構「はじめからわかる障害者雇用—事業主のためのQ&A集」（2016）

http://www.jeed.or.jp/disability/data/handbook/qa.html （閲覧日2018.11.15）

11） 高齢・障害・求職者雇用支援機構「平成30年度版就業支援ハンドブック」（2018）

http://www.jeed.or.jp/disability/data/handbook/handbook.html（閲覧日2018.11.15）

12） 小島哲也，宮地弘一郎，白神晃子「信州大学における特別支援教育臨床実習の新たな取り組み—地域企業と連携した学校農園プロジェクト—」『松本大学研究紀要』，16，pp. 135-141（2018）

13） 岡島純子，鈴木伸一「自閉症スペクトラム障害児に対する社会的スキル訓練—欧米との比較による日本における現状と課題—」，『カウンセリング研究』，45（4），pp. 229-238（2012）

14） 藤野博「学齢期の高機能自閉症スペクトラム障害児に対する社会性の支援に関する研究動向」，『特殊教育学研究』，51（1），pp. 63-72（2013）

15） 山本真也，香美裕子，小椋瑞恵，井澤信三「高機能広汎性発達障害者に対する

就労に関するソーシャルスキルの形成における SST とシミュレーション訓練の効果の検討」,『特殊教育学研究』, 51（3）, pp. 291-299（2013）

16) 松下浩之, 園山繁樹「新規刺激の提示や活動の切り替えに困難を示す自閉性障害児における活動スケジュールを用いた支援」,『特殊教育学研究』, 51（3）, pp. 279-289（2013）

17) 片桐正敏「自閉症スペクトラム障害の知覚・認知特性と代償能力」,『特殊教育学研究』, 52（2）, pp. 97-106（2014）

18) 長野県教育委員会「第2次長野県特別支援教育推進計画」(2018)
https://www.pref.nagano.lg.jp/kyoiku/tokubetsushien/tokubetsushien/tokubetsushien/documents/2 keikaku.pdf （閲覧日2018.11.15）

第2部 第4章
# "少年非行と特別支援教育・特別ニーズ教育"

内藤 千尋

## 【研究活動】

　筆者の研究テーマは"少年非行と特別支援教育・特別ニーズ教育"です。これまでに取り組んできた調査研究からは、発達障害等の発達上の困難・課題と非行の関係は決して直接的につながるものではないことが明らかとなっています。

　「安心・安全」に生きることができない環境要因や「育ち・発達」の機会が保障されない等、様々な負の要因が絡み合った結果の一つとして、虞犯・非行等の「不適応状態」にある彼らは発達の機会から阻害されている可能性があり、教育的ニーズは高いと考えています。(髙橋・内藤・田部：2012、内藤・田部・髙橋：2013、髙橋：2015、内藤・髙橋・法務省矯正局少年矯正課：2015、髙橋・内藤・法務省矯正局少年矯正課：2016)。

　このことは、本来、子どもの発達は家庭・学校・地域において親や教師、友人などの他者に支えられて促進されていくものの、少年院に在院する発達困難を有する少年の多くは、そのような相互行為が不十分なまま、発達の機会を逃し、他者との信頼関係も築けずにいることからも推察されます。

　現在取り組んでいる研究は、発達障害等の発達上の課題・困難を有する非行少年が抱える困難・ニーズやそれに対する支援の実態を明らかにするとともに、少年鑑別所・少年院・更生保護施設等の少年非行・矯正教育と学校教育において求められている発達支援や地域移行支援の課題を検討していくことを目的としています。

思春期以降は少年が抱える「発達障害」と「育ちと発達の困難」（貧困・親の疾病・ネグレクト・虐待等の養護問題に起因する愛着障害、学習空白等）の区別はとても難しく、入院以前の家庭養育環境・生活状況・学習空白等について、本人を通してまずは丁寧に把握することが不可欠です。

　特に、現在共同研究者と継続実施中である3か所の少年院在院者への面接・聴き取りからは、障害の診断・判定等の書面上の情報と実際の子どもの姿には大きな差があり、発達支援の効果と課題を検討するにあたり、何よりも本人・当事者への丁寧な聴き取りが重要であることを改めて確認しています。

　筆者は、松本大学教育学部専任講師としての勤務と両立させながら、2015年4月より東京学芸大学大学院連合学校教育学研究科博士課程に在学し、博士（教育学）学位論文「少年非行・矯正教育における発達障害等の発達上の課題・困難を有する少年の実態と発達支援に関する調査研究」の執筆に取り組んできました（2017年12月提出、2018年3月に博士（教育学）学位取得）。

　博士（教育学）学位論文にまとめた調査研究では、全国の少年院（48施設）、少年鑑別所（26施設）、保護観察所等職員（70名）、児童自立支援施設（45施設）・児童自立支援施設併設の分校（分教室）（33施設）、自立援助ホーム（40施設）の各施設職員への訪問面接調査を実施してきました。なお全国少年鑑別所調査および全国少年院調査は法務省矯正局少年矯正課との共同研究として実施し、保護観察所等職員調査は法務省保護局観察課の後援・協力のもと実施してきました。

　博士論文提出以降も継続実施している本研究は、矯正教育に限らず、学校教育における不適応を示す発達障害等の児童生徒の困難・ニーズの理解や早期の予防的対応方法の開発に資することが期待されています。また学校等の教育現場においては、特別ニーズ教育や発達保障の観点からも、学校内だけで問題を抱えず大学研究者等の外部専門家との連携を図り、児童生徒や教師の困っていることを輪の中心においた支援体制を構築することが求められていると考え、研究に取り組んでいます。

"少年非行と特別支援教育・特別ニーズ教育"

【博士論文の概要】
論文題目：少年非行・矯正教育における発達障害等の発達上の課題・
　　　　　困難を有する少年の実態と発達支援に関する調査研究
学位取得：平成30年３月16日　博士（教育学），東京学芸大学，

　本研究「少年非行・矯正教育における発達障害等の発達上の課題・困難を有する少年の実態と発達支援に関する調査研究」では、①少年非行に関わる機関である少年鑑別所・児童自立支援施設・少年院・保護観察所・更生保護施設の職員への調査、②自立援助ホーム職員への調査、③発達障害等の発達上の課題・困難を有し、少年鑑別所・少年院・保護観察所・更生保護施設等への入所経験を持つ本人・当事者への発達支援・地域移行支援のニーズ調査の質的な実証研究を行い、特別支援教育・特別ニーズ教育の観点から、少年非行・矯正教育において求められている支援のあり方を検討していくことを研究の目的とした。

　第１部「少年非行・矯正教育における発達障害等の発達上の課題・困難を有する少年の実態と発達支援に関する研究動向」では、児童自立支援、少年非行・矯正教育、更生保護の各分野における発達障害等の発達障害等の発達上の課題・困難を有する少年の実態と発達支援に関する研究動向を把握・検討した。

　第２部「児童自立支援施設・少年鑑別所・少年院における発達障害等の発達上の課題・困難を有する少年の実態と発達支援の課題」では、以下の調査を実施し、発達障害等の発達上の課題・困難を有する少年の実態と発達や自立に向けた支援の課題を検討した。具体的には、❶全国に58か所ある児童自立支援施設のうち45施設について、児童自立支援施設職員対象の半構造化面接法調査、❷児童自立支援施設に併設されている33校の分校・分教室教師を対象とした半構造化面接法調査、❸全国に52か所ある少年鑑別所のうち26施設の

121

法務技官および観護教官（計53名）への半構造化面接法調査、❹全国52か所ある少年院のうち48施設の法務教官（計60名）への半構造化面接法調査、❺少年院において「支援教育課程Ⅲ（Ｎ３）」（知的障害あるいは情緒障害・発達障害とまではいえないものの、いわゆるボーダーラインにある少年を対象とした教育課程）に指定された男子少年26名（のべ実施数34名）への半構造化面接法調査である。

第３部「発達障害等の発達上の課題・困難を有する非行少年の社会的自立・地域移行の実態と支援の課題」では、以下の調査を実施し、発達障害等の発達上の課題を有する少年の社会的自立や地域移行支援の課題を検討した。具体的には、❶全国自立援助ホームの職員を対象とし、40施設（計54名）への半構造化面接法調査、❷全国の保護観察所・更生保護施設・自立準備ホームの職員、保護司を対象に全43回（計70名）の訪問面接法調査、❸少年院において「支援教育課程Ⅲ（Ｎ３）」に指定された発達障害等の発達上の課題・困難を有する少年への半構造化面接法調査である。

なお、上記の調査のうち、少年鑑別所・少年院・少年院在院少年及び保護観察所等調査については、法務省矯正局少年矯正課及び法務省保護局観察課の全面協力のもと調査を実施している。

各調査からは、本人の障害特性と非行が直接的に結びついているわけではなく様々な環境におかれ「不安・緊張・抑うつ・ストレス」や負の循環の結果として非行行動に至った状況が確認された。また、各施設の本来の特徴や支援体制のなかで、発達上の課題を有する少年がとくに集団生活において困難を有している状況や、支援の状況が挙げられた。

一方で、少年院在院少年本人・当事者調査を通して、少年に対する受け止め方を変えた教官らの実践によって、時間はかかっても確実に少年自身の力により変化・成長・発達している姿が確認された。そこには「安全安心な環境」と傾聴による「不安の原因の可視

化」「問題の共有」「解決方法をともに考えていく」という「伴走的発達支援アプローチ」が良い効果を与えていることが推察された。

　本研究はこれまで多くは明らかにされてこなかった児童自立支援施設や少年院における発達上の課題・困難を有する少年の実態をまずは全国的調査で実態を把握したことに意義があるものの、現時点では実態把握に留まっており、今後更に事例検討等を通して具体的な支援のあり方を検討していくことが課題である。

　少年非行とは多様な要因が複雑に絡み合った「育ちと発達の貧困」の結果であり、非行等の社会的不適応に至った発達上の課題・困難を有する少年の発達や社会的自立を保障していくためには、「少年鑑別所や少年院における学校教育の保障」「学校教育における予防的対応と発達支援」「関係機関連携・地域における支援」が今後の支援の課題といえる。

　今後の作業課題として具体的には、「（1）非行等の社会的不適応状態にある本人・当事者への調査継続による実態把握」「（2）少年矯正教育施設における発達障害少年の抱える困難と処遇の事例検討」が研究課題である。また、「（3）関係機関連携による継続的な支援のあり方」として、法務省が全少年院に配布・実施している『発達上の課題を有する在院者に対する処遇プログラム実施ガイドライン』を基盤として、特別支援教育と矯正教育を繋げていくための作業が求められているといえる。

　そして、昨今の社会状況や地域の教育・養育力の低下、「失敗が許されにくい環境」におかれている多くの子どもに発達上の課題・困難を有している可能性が推察される。

　学校教育や地域における予防的教育支援を検討していくためには、何より「（4）学校教育（特別支援学校や高等学校）に対して、『問題行動』と捉えられがちな生徒の発達上の課題に関する実態調査」を行い、学校教育と矯正や福祉の連携の在り方を更に考察していくことが課題である。

第2部 第5章

# 2018年度「基礎ゼミナール」を振り返って

大 蔵 真由美

　本稿では大学で学ぶための基礎科目のひとつである「基礎ゼミナール」という授業について紹介します。「基礎ゼミナール」の授業では大学での4年間の学びを見通し、その基礎となる力、例えば他者と協働して課題解決に取り組む力、情報収集・活用の力、他者とのコミュニケーションを通して柔軟に物事を考える力などを高めることを目標としています。

　2018年度の1年生を対象とした「基礎ゼミナール」の授業では少人数のグループでの演習、レポートの書き方に関する学習、自己の学習到達度を確かめるためのテストなどに取り組みました。さらに、本学の特徴的な取り組みのひとつである「アウトキャンパス」(大学の外に出かけて見学や体験を行い、そこで得た気づきを大学での学びに結び付けていくもの)として近隣の保育園や子育て支援施設を訪問しました。そこでは保育士の先生や幼児の活動の様子を観察したり、保育に関するお話を伺ったりしました。実際に見学して発見したことを伝え合ったり、気づいたことを整理してレポートにまとめたりすることも重要な学習です。

　「基礎ゼミナール」は多くの時間を少人数のグループ学習にあててい

2018年度「基礎ゼミナール」を振り返って

ます。そのためそれぞれのゼミナール担当教員と学生、あるいは学生間の距離が近いのが特徴です。課題解決のためのワークに協力して取り組んだり、それぞれの意見を言い合って考え方の違いを知ったりする時間が楽しく感じられます。

以下は私の担当するゼミナールでの学習の様子についてゼミ通信から紹介したいと思います。「基礎ゼミナール」を担当する教員は複数名いますので、それぞれに工夫された授業を行っています。全てのゼミナールがこれから紹介するようなやり方ではないということをご承知おきください。

私のゼミ通信では日々の授業の振り返りやそこで発見した学生の良さ、学習したことをさらに深めるためのポイントについて書くことに重点を置いています。加えて、私が専門とする教育学に関する調査の報告なども載せています。これは学生が授業やアウトキャンパスのなかで感じたことをもう一度思い出し、その意味を自分なりに深めて考えてほしいからです。また、教育を専門として学んでいますから、世の中の様々な事象について教育と結び付けて考えることができるようになってほしいという思いもあります。

2018年前期の私のゼミナールでは話し合いの力や行動する力を高めることを目的として、映画鑑賞、レクリエーション、パンケーキ作りなどを行いました。

こちらで紹介している心肺蘇生講座は課外に行ったものですが、教職を目指す者として大切な学習ですので通信でも取り上げました。大切な子どもたちの命を預かる者としていざという時に適切な行動が出来るよう備えておくことは何よりも重要なことです。

2018年後期の「基礎ゼミナールⅡ」では社会に出て活躍する上で役に立つとされる力を身に付けることを目的としたテキストを用いて少人数のグループ学習に主に取り組みました。受講生は事前にテキストを読んで予習をしてから授業に臨むことになっています。授業のなかではグループで多様な課題に取り組み、意見交換や話し合いなどを行います。各回の授業は受講生のなかから1名が先生役となって進めます。ですから、先生役になる人はもちろん、それ以外の人も受け身でいては面白くありません。このやり方だと、授業は話し手と受け手の相互作用で成り立つ生き物だということがよく感じられます。どのゼミナールでも同じテキストを使用していますが、それ

ぞれのゼミナールに個性があり、学生は皆自分のゼミナールのことを話してくれます。どのゼミも個性豊かで楽しそうです。

　１年間にわたる「基礎ゼミナール」の授業を通して、自分なりに工夫して意見を伝えること、相手の意見をよく聞いて理解すること、お互いに協力して課題を解決したり、話し合いをしたりすることといった大学で専門的な学びを深めていく上で必須となる力を高めることができたように思います。２年生に進級すると、このような少人数でのグループ学習を通して教育という学問についての理解をより深めていくことになります。こういった学習を通してそれぞれが専門的に学びたいと思うことを見つけ、卒業研究のテーマにつなげていきます。

　以上、出身も考え方も様々な学生が集まり、大学生としての学びをどのように深めているのかの一端について「基礎ゼミナール」での様子を通してお伝えしました。今年度もどんなゼミナールが繰り広げられるのか楽しみです。

# 第3部

# 教育学部の教員が今考えていること

第3部 第1章

# インクルーシブ教育を担う人材育成

小 林 敏 枝

## 1．パラスポーツとインクルーシブ教育

　パラスポーツを見たことがありますか？　実際に体験したことがありますか？　パラスポーツの魅力を知っていますか？

　2020年東京オリンピック・パラリンピックの開催に向けて、パラスポーツへの関心が高まりつつある。長野は1998年冬季パラリンピックの開催都市であった。競技に関わった方、ボランティアで参加した方など、記憶にある方も多いのではないかと思う。筆者も、パラリンピックの「ボランティアニュース」の編集に携わっており、全国のパラリンピックのボランティアに向けて定期的にニュースを発行していた。当時は現在ほどパラスポーツへの認知度が高くなく、パラリンピックやパラスポーツまたアスリートの姿をどのように伝えたらよいか、その魅力をどのように発信したらよいか等、編集会議で議論した記憶がある。また、アイススレッジホッケー（現　パラアイスホッケー）会場で2週間ボランティアを行った。実際にパラアスリートとふれあい、目の前で世界トップレベルの試合を見たことは、今でも鮮明に映像として残っている。

　本執筆では、（1）筆者が20年間かかわっている「パラアーティスティックスイミング」について（2）「長野県におけるパラスポーツ推進への取り組み」そして（3）「本学で開講している『スポーツとノーマライゼーション』」という授業の紹介、最後に（4）「地域における人材育成と今後の課題」について述べたいと思う。

　特別支援学校教諭免許の取得が可能である松本大学教育学部において、インクルーシブ教育の推進に関わることができる人材育成を目指し

ている。理論だけで理解するのではなく、すべての子どもに寄り添える「心を育てる」教育が重要である。そのための方法の一つとして、障がいのある人たちと様々な場面で一緒に活動する機会を設け、豊かな感性を養うことが大切であると考える。

　多様なニーズへの対応、多様な価値観を認め合う「ダイバーシティー教育」。理屈で分かっていても行動することは難しいことがある。理解した上でその先に「行動を起こせる人」を育てていくことがパラスポーツの意義であり、また教育学部としての人材育成の目的でもある。

図1　シッティングバレーボール

図2　ゴールボール

図3　視覚障害者陸上競技

図4　タンデム競技

＊（図1～4：2012年　London パラリンピック（筆者撮影））

## 2．パラアーティスティックスイミング

みなさんは「パラアーティスティックスイミング」というスポーツを知っていますか？

「シンクロナイズドスイミング」を現在では「アーティスティックスイミング」と呼んでいる。

「パラ」ということは、つまり障がいのある方々が行うアーティスティックスイミングのことである。このスポーツは1992年京都で始まった。京都市障害者スポーツセンターの「水泳教室」に参加していた方から、「もっと自由に、もっと楽しく」との声があり、音楽と人と水の要素を合わせて行ったのが最初である。現在では、毎年5月に京都で全国フェスティバルが開催されており、300名以上の選手が参加している。「障がいのある人が半数以上メンバーに入っていること」というルールがあるので、障がいのない人も選手として一緒に参加できるところが特徴である。まさにインクルーシブの実現であり、ユニバーサルスポーツである。（図5・6）筆者も選手として参加している。

図5　長野アップル水泳クラブの演技
　　（身体障害者のチームの演技）

図6　ドルフィンの演技
　　（知的障害児の親子のチーム）

このスポーツで大切にしている基本的な考え方は
①障害のある人もない人もアーティスティックスイミング（AS）というスポーツ文化に親しみ共有すること。

②競技で行われている AS とでは、技術の違いやどうしても克服できない技術などあるが、目指すところは同じ AS というスポーツに取り組むこと

③障害がどんなに重度であっても、水を利用して身体を動かすこと。

④どんなに重度な障害がある人でも、ペアを組み、演技・構成を工夫することでルーティンを泳ぐ

⑤障害のある人とない人が共に演技するということは、介助してもらう、介助してあげるという関係ではなく、どちらも演技者であるということ

⑥障害のある人もない人も、泳げるようになってから AS を始めるのではなく、AS の練習をしながら泳げるようになろう、AS の技術を身につけようとすること。

⑦水と音楽と人と同調する AS らしさを追求すること。

⑧楽しく泳ぐということを大切にしながらも、AS の技術の向上を追求すること。

　浮く・進む・回転する・潜るなど、水の中で自分に適した動きを見つけること。障害が重度であっても、生きがい、自己実現、自己表現の場として水の中で自由を獲得し自己表現することを実現している。

　最近は、台湾、イタリア、アメリカ、ブラジルなど海外でも取り組んでいる国が増えてきた。海外の取り組みはどちらかというと、競技としての AS の色が濃く、日本のような取り組みは貴重であるといえる。

　日本においては上記の基本的な考え方があることで、競技性にひきずられることなく全ての障がい児・者及び障害の有無に関係なく参加できるユニバーサルスポーツとしての価値を守り続けている。もちろん、競技会として障がいのある人が一人で演技する「パラアーティスティックスイミング　ソロ競技会」も行っている。この大会は毎年長野で開催している。ユニバーサルスポーツとしての価値を大切にして取り組む中で、その先に競技があると考えている。スポーツの目的は人により違う。健康づくり、リハビリ、仲間づくり、楽しみ、競技としてなど、様々な目的があってよい。誰が行ってもスポーツはスポーツである。

パラスポーツへの理解を深める方法は、まずは「知る」ことである。どんな競技があるのか？スポーツを行っているパラアスリートのこと。障害を補う補助具やスポーツ用具。またパラスポーツを支える「指導者、医師、理学療法士、補助具製作者、ボランティア、家族・兄弟……など」支援者の役割。練習方法や大会に関する情報など。そして一番大切なのは、パラスポーツを体験してみること、障害のある人たちと一緒にスポーツを楽しむことである。

## ３. 長野県障がい者施策推進協議会「障がい者スポーツ振興」の取り組み

2020年東京オリンピック・パラリンピックが開催される。現在、パラスポーツへの関心も徐々に高くなっているが、長野県においては、2027年全国障害者スポーツ大会の開催地でもあることが、関心をさらに大きくしている。長野県障がい者施策推進協議会　障がい者スポーツ部会において「障がい者スポーツの振興」「スポーツを通じた共生社会の実現」を目的として、行政・関係機関・スポーツ競技団体等が連携して具体的な施策を検討している。2020年はもちろん、長野県は2027年全国障害者スポーツ大会の開催を見通しての施策である。

長野は、1998年冬季パラリンピックの開催地であった。長野の街がユニバーサルな空間に一変したことを記憶している。「長野でパラリンピックを開催してよかった」という人は、「オリンピックを開催してよかった」という人を上回った。（県民意識調査より）また、長野はスペシャルオリンピックスの冬季ワールドゲームの開催地でもある。筆者は、この両方の世界大会に学生と一緒にボランティアとして関わった経験がある。パラスポーツの大会のボランティアに関わった学生は、貴重な体験を通じて多くのことを学んだ。障害のあるなしに関わらず「スポーツはスポーツ」を実感するのである。一緒に活動したからわかることであると思う。

インクルーシブ教育を担う人材育成

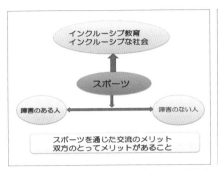

図7　スポーツを通じたインクルーシブ教育　　図8　スポーツを通じた交流のメリット

## 4．「スポーツとノーマライゼーション」（授業紹介）

　筆者は、松本大学において「スポーツとノーマラーゼーション」という授業を担当している。教育学部の学生のみでなく、全学に開いている科目である。学生が将来社会人として生きていく上で、障がいまたは障がい者への理解を深め、共に生きる社会の担い手となってほしいというメッセージを発信している授業である。

　　　図9　ボッチャの授業　　　　　　　図10　車いすバスケット

　スポーツはノーマライゼーション社会の構築に貢献するのか？…を学生と一緒に考えながら進めていく。車いすバスケットボール・ボッチャの体験を行ったり、パラリンピックの映像をみたり、当事者の話をお聞

きしながら、「障害とは？」「スポーツとは？」「ユニバーサルデザインとバリアフリー」「ノーマラーゼーション」「インクルーシブ教育」「パラスポーツとボランティア」「特別支援教育と国際貢献」など、様々な視点から学びを深めていく。

図11・12　The Spastic Children's Association of Johor (CBR)
肢体不自由児特別支援学校

図13・14　Special education Classes (Alor Setre)
＊　図11～14：パラスポーツを通じた国際貢献
（筆者がマレーシア特別支援学校教員対象の講習会及び児童への指導を行った時の様子）

## 5．地域における支援人材の育成と今後の課題

　現在、「障がい児支援事業所における医療的ケア児等支援人材育成プログラムの開発：障害児支援に直接携わる人材育成のための研究」（厚生労働省科研）を行っている。信州大学医学部新生児学・療育学講座と

の共同研究である。放課後児童デイサービスや児童発達支援に携わっている地域の事業所の支援者が、障がいを理解し、一人一人の子どもに適した療育・生活指導についての学びを深め、質の高い支援を提供できる人材育成を目的としている。

学生が、障がいのある子どもの支援を行うときにどのような知識・技術が必要なのか。障害の理解やアセスメントの必要性など、支援人材育成プログラムの開発は早急に取り組む必要がある。

教育学部で学んだ学生が、地域の様々な所で必要とされ子どもの支援に携わることができるように、子どもはもちろんのこと、保護者支援に対する学習を提供することが重要である。親が笑えば子どもも笑う。子どもが笑えば親も笑う。そんな循環を担う人材育成が今度必要であろう。

筆者は、20年ほど前から障がいのある方々に水中運動の指導を行っている。水の特性の「浮力・抵抗・水圧・水温」を身体全体で感じ水中で解放される姿、心と体のリラクゼーションの体験。また海プログラムの参加者は、海の風・潮の臭い、海水の感触など五感を使って感じ、自分の中に情報としてインプットしていく。体験を広げ、外界の様々な環境との関わりは、障がいのある人たちの世界を広げていく。

松本大学に「ダイビング同好会」が発足した。伊豆を拠点にスキューバダイビングを行っている。そのプログラムに、知的障害の親子が毎年ゲストとして参加している。学生は3日間、障がいのある子どもと海のプログラムを楽しむ体験をする。障がいのある子どもにとっては、同年代の若者と一緒に大好きな海で遊び友達になれること、そして学生にとっては、適切なサポートと工夫があれば障害の有無に関係なく一緒に楽しめること等を体験を通じて理解する。お互いにメリットがあることが重要である。

今後は、多様な障がいの特性や医療的なことなどへの理解を深め、より多彩で個別性に応じた療育を創出する力のある人材育成の仕組みを整

備し、多職種の連携・協力体制を構築することを目指したい。
　教育学部の学生が、障がいのある子どもたちの豊かな人生を支える人材となって社会貢献してほしいと願っている。

図15　石垣　海企画参加者

図16　下肢障害の方のダイビング

図17　バリアフリーダイビングとマンタ

第3部　第2章

# 自信をつければ成績も伸びる？
## ～自己効力感と学業成績の因果関係の科学的検証研究～

守　一　雄

　**「自信をつければ子どもは伸びる」**とよく言われますが、本当でしょうか？　私が松本大学で研究している学問は教育心理学と言われるものです。教育心理学は、教育についての心理学ですが、むしろ「教育の科学的研究」とでもいうべきものです。教育心理学は、教育の領域で一般に信じられていることが、科学的にも正しいといえるかどうかを、厳密に検証する学問です。ここでは、冒頭の疑問について、教育心理学ではどう研究されているかを紹介したいと思います。
　自信の基となる根本的な信念を自己効力感と言います。これはバンデューラというカナダの心理学者が提唱した概念で、「自分には何かをする力がある」という自分自身の能力への自覚を言います。たとえば、朝起きて朝食の用意をすることも、「自分には朝食を作ることができる」と思っているからするのであって、自分にはできないと思っている人は朝食を作ろうとはしないでしょう。しかし、「私は誰よりも美味しい朝食を作れる自信がある」とは言いますが、毎朝の普通の朝食を作る程度で、「自分には朝食を作る自信がある」というのは少し大げさです。そこで、「自信」ではなく「自信の基」というわけです。
　自己効力感が強いほど成績が良くなるのか、というのは多くの教育心理学者が検証しようとしてきたことでした。なぜならば、学校の教師たちは経験的に「高い自己効力感を持つ生徒の方が学業成績も良いこと」に気づいていたからです。教師たちはまた、自己効力感の高い子どもは、こちらからいろいろ教えなくても、自分から積極的に学ぼうとすることにも気づいていました。それだけでなく、自己効力感が高いと失敗にも

139

挫けにくいという利点もあります。テストなどで悪い成績だったときにも「次は頑張ろう」と前向きに考えることができるのです。自己効力感が高いことはいいことずくめだということです。そうだとすれば、子どもたちの自己効力感を高めてやれば、成績の向上につながるはずです。

　自己効力感は学業成績と相関があるだけでなく、将来の成功の重要な要因であるということも数多くの研究で明らかにされてきました。科学的な研究のためには、データを取って、それを統計的に分析することが必要です。教育心理学者たちは、子どもたちの自己効力感や、学業成績、毎日の自習時間、学習習慣などを調べ、自己効力感と成績などがどう関係しているかをたくさんの生徒で調べてみました。その結果、自己効力感は成績や良い学習態度などと正の相関関係があることが確認されました。さらには、多くの子どもたちについて、幼い時の自己効力感とその子どもたちが将来どのような職業についたかの追跡調査もなされています。こうした調査の結果は、自己効力感の高さが将来の職業選択にまで影響しているというものでした。

　つまり、「自信をつければ子どもは伸びる」という一般に信じられている考えは、教育心理学の研究によっても確認されているというわけです。しかし、本当にそうでしょうか？　実は、こうした自己効力感と成績との相関関係を調べたり、自己効力感の高い子どもとそうでない子どもが将来どのように育つかを調べたりしただけでは、「自己効力感を高めると成績が良くなる」ことの科学的な証明にはならないのです。自己効力感が成績を高めることを検証するためには、自己効力感と成績との間に、因果関係があることを証明しなければなりません。しかし、子どもたちの自己効力感や学業成績などのデータを基に、相関関係があることを調べるだけでは、因果関係の証明にはならないのです。


## 相関関係は因果関係ではない

　「自己効力感の高い子どもほど学業成績も良いこと」がデータで確認できてもそれが因果関係の証明にはならないのはなぜでしょう。自己効

力感の高い子どもは現に良い職業に就きやすいことがデータで示されているのに、なぜ、それだけでは因果関係の証明にはならないのでしょうか。

　自己効力感と成績のように、一方が高くなるともう一方も高くなる（あるいは、一方が低くなるともう一方も低くなる）関係のことを相関関係と言います。相関関係はアンケート調査の結果の分析などによく使われますが、相関関係の解釈にあたっては、「**相関関係は因果関係ではない**」という警句を忘れてはいけません。それは、2つの事柄の間に強い相関関係があったとしても、どちらが原因でどちらが結果なのかはわからないからです。私たちは、相関関係を自分の都合のいいように解釈しがちです。「簡単になんとかできそうな」方を原因にして、難しい方を結果と考える方が都合がいいからです。学業成績を上げるのは難しいことです。それに対し、「心の持ちかた次第」である自己効力感の方は「なんとかできそう」なので、「自己効力感（原因）を上げれば、成績（結果）も上げられる」と考えてしまうのです。

　しかし、原因と結果は逆なのかもしれません。成績の良い子ほど、自己効力感が高いというだけのことかもしれないのです。これは、考えてみれば当たり前のことです。成績が良いことで自信（自己効力感）を高めるのは自然なことだからです。つまり、自己効力感が高いことは原因ではなく、成績が良いことの結果と考えるべきなのです。別の例で考えてみると、もっとハッキリするでしょう。風邪薬を飲む回数と風邪をひく回数のデータを取ってみましょう。その結果を分析すると、薬を飲む回数と風邪をひく回数とには高い相関関係が見つかるはずです。しかし、この結果から「風邪薬をよく飲むほど風邪をひきやすくなる」と考えるのは間違っていることはすぐにわかると思います。因果関係が逆だからです。

## どうすれば因果関係を証明できるか

　では、自己効力感を高めると成績も上がるという因果関係を証明する

ためには、どうすればいいのでしょうか。因果関係の証明には、「ランダム化比較対照実験」をしなければなりません。それは、原因と思われることについて、「原因あり」と「原因なし」の2つの状況を作り、比較するような実験のことです。その際、2つの状況には、実験への参加者をランダムに割り振らねばなりません。「ランダムに割り振る」というのは、クジなどを使って割り振るということです。そうすることで、両方の条件に同じような生徒が均等に割り振られるようになります。「ランダム化比較対照実験」という言い方は長いので、以下では英語のRandomized Control Treatment の頭文字を取って「RCT実験」と言うことにします。

　具体的には、「自己効力感を高める状況」と「自己効力感を高めない状況」を作り、それぞれの状況で生徒の成績にどのような違いが見られるかを比較対照するわけです。その結果、「自己効力感を高める状況」の生徒の成績の方だけが高くなったことがわかれば、ここではじめて、「自己効力感を高めると成績も上がる」ことが証明されたことになるのです。研究者が生徒の「高い自己効力感」という原因を作り、その結果として「成績が上がった」のですから、因果関係が証明できたということになります。

　こうしたRCT実験ではなく、生徒たちの自己効力感と成績を調べただけの調査では、どちらが原因でどちらが結果だかわからないので、因果関係もわからないのです。幼い時に自己効力感が高かった子どもの方が良い職業についているという調査結果は、時間の経過を考えると因果関係を示しているようにも見えます。しかし、第3の要因が「真の原因」として隠れている可能性を否定できません。たとえば、生まれつき知能の高い子どもは、小さい時から良い成績を取って高い自己効力感を持つことになるでしょう。そして、そうした知能の高い子どもは社会的に高い地位に就くことも多くなります。そうだとすれば、「知能が高いこと」が原因となって「高い地位に就いた」のであって、「高い自己効力感」が原因ではないことになるわけです。

　RCT実験の場合には、2つの状況に子どもたちをランダムに割り振る

142

ことによって、もともとの知能の違いが相殺されてしまうことがRCT実験の利点なのです。もし可能なのだとしたら、遺伝的に同じ素質を持つ一卵性双生児に実験に参加してもらい、双子の一方を「自己効力感を高める条件」に、もう一方をそうしない条件に割り振って、その後の成績の違いを追跡調査するというのが理想的なRCT実験となります。しかし、そこまでしなくても、実験への参加者をランダムに条件に割り振れば、参加者が元々持っていた種々の素質などの影響が打ち消しあって、実験で調べようとする要因の影響だけが調べられるのです。

## どうすれば自己効力感を高められるか

さて、これで「自己効力感を高めると成績も上がる」ことを証明するための研究手順がお分かりいただけたと思います。生徒を200人くらい集めて、ランダムに100人ずつに分けます。そして、一方の生徒たちの「自己効力感を高め」、もう一方は比較対照のために特に自己効力感を高めるような措置は取らないという2つの状況を作り、生徒全員のその後の成績について追跡調査をすればいいということです。

しかし、まだ解決すべき問題が残っています。「自己効力感を高める条件」に割り振られた生徒たちの自己効力感をいったいどうやって高めたらいいでしょうか。「自己効力感を高める薬」があれば簡単でしょうが、そんな薬はありません。「君たちは"自己効力感を高める条件"に割り振られました。さあ、みんなで一緒に自己効力感を高めましょう」と言ったところで、そう簡単に自己効力感は高まりません。「もっと自信を持てよ」と言われて自信が持てるなら、誰もがもっと自信を持てるはずです。

実は、自己効力感理論の提唱者であるバンデューラは、自己効力感を高める方法は以下の4つであると述べています。

①達成経験：何かを達成したり成功したりすること

②代理経験：他人ができるのを見て「私にもできそうだ」と思うこと

③言語的説得：「自信を持てよ」と励まされること

④生理的情緒的高揚：酒などを飲むと気が大きくなること

なかでも最も重要なものは①達成経験です。誰でも、何かを成し遂げることで、「自分はできる」という感覚を持つからです。これに対し、他の３つの方法は効果も弱く、ここでの RCT 実験に活用するのには適していません。

　そこで、「自己効力感を高める状況」では、生徒たちに達成経験をしてもらうことにしましょう。ところが、ここでまた「どちらが原因でどちらが結果か」という問題が生じてしまうのです。「達成経験」というのは「何かをうまく成し遂げること」です。そこで、生徒の自己効力感を高めるために「何か課題をやらせて、うまく課題が解ける」ようにすれば自己効力感が高められるわけですが、「うまく課題が解ける」ためにはそれなりの能力がなければなりません。とすると、今度は「その生徒にもともと課題を解ける力があった」という「第３の要因」が排除できなくなってしまうのです。

　バンデューラが自己効力感理論を提唱してから40年以上が経つのですが、自己効力感と学業成績との因果関係をハッキリと証明した研究がなされてこなかったのは、こうした根源的な問題があったからでした。学校で良い成績を取るためにも、積極的な学習習慣のためにも、そして将来のより良い職業選択にも、自己効力感が重要な働きをしているらしいことは誰もがわかっていたのですが、調査研究によってでは高い相関関係があることがわかるだけで、結果的に、因果関係を証明した研究はほとんど皆無だったのです。

## アナグラム課題と映像提示トリックを使った RCT 実験による因果関係の検証

　長野市内の中学校で数学を教えている内田昭利教諭は、信州大学教育学部心理科を卒業しています。さらに、長野県教育委員会の派遣学生として、信州大学大学院教育学研究科で私の指導の下、修士論文のための教育心理学的研究を行ないました。内田先生が挑戦したのは、自己効力感と成績の関係について RCT 実験で検証を行なうことでした。中学校

での教員経験の中で、「生徒に自信を持たせれば成績を上げられるはずだ」という考えを持つようになったのですが、それを科学的に確かめたいと考えたからです。

しかし、すでに述べたように、この因果関係の証明は世界中でまだ誰もできていないような難問でした。解決しなければならない問題は、「自己効力感をどうやって高めるか」ということです。これは、「生徒たちのもともとの能力に関わらない状況で、一部の生徒だけが課題をうまく解けるようにするにはどうしたらよいか」という問題に置き換えられます。誰もが解けるような易しい課題ならば、能力にかかわらず解けるでしょう。しかし、誰もが解けるような課題では、それが解けても自己効力感は高まりません。「他の生徒は解けないのに、その生徒だけが解ける」というような課題なんてあるでしょうか?

同じ試験問題の中に易しい問題をこっそり混ぜておくことで、一部の生徒にだけ良い成績を取らせるという方法が考えられますが、生徒同士で答案を見せあえば、問題が違うことはバレてしまいます。試験の問題は全部同じものにして、一部の生徒だけにこっそりヒントを与えるという手も考えましたが、ヒントをもらったことは本人にはわかるので、それで自信がつくとは思えません。

こうした実験研究に最適なのが、アナグラム課題です。アナグラムというのは、文字の並び替え遊びのことです。たとえば、「マズカワオカシ(不味皮お菓子)」という言葉は、文字を並び替えると「カワシマカズオ(川島一夫松本大学教育学部長)」になります。このアナグラムを「意味のない言葉から意味のある言葉を見つけるクイズ」にしたものがアナグラム課題です。たとえば、「もらかのた」は並び替えると「宝物(たからもの)」になります。アナグラム課題では、正答は同じでも課題の難しさを変えることができます。この例では、「ものたから」から正答の「宝物」を見つける方がずっと簡単です。つまり、アナグラム課題を使えば、「一部の生徒だけに"易しい"問題をこっそり提示する」ことができるわけです。解答だけを紙に書かせることにすれば、あとで生徒同士が答案を見せ合っても、問題が違っていたことに気づかれることもありませ

145

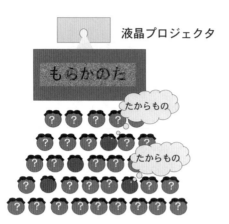

Mori & Uchida (2009) で使われた映像提示トリックの概略図（同じスクリーンに提示された2種類のアナグラム課題が偏光サングラスをかけるとどちらか一方だけしか見えなくなる。）

ん。特に重要なことは、"易しい"問題を解いた本人にも、自分が解いたのが"易しい"問題だったことがわからないことです。

　残る問題は、「難しさの違うアナグラム課題を生徒たちに気づかれないようにどうやって提示するか」です。このためには、既に目撃記憶研究のために開発したMORIテクニックという映像提示トリックがありました。このMORIテクニックでは光の偏光という性質を利用して、同じスクリーンに2つの異なる映像をそれぞれ別方向に偏光させて投映します。これを偏光サングラスをかけて見ると、どちらか一方の映像だけが見えるようになるのです。詳細はここでは省略しますが、縦の偏光で一つの映像、横の偏光でもう一つの映像を提示すると、縦偏光の映像は縦の偏光サングラスでしか見えず、横偏光の映像は横の偏光サングラスでしか見えなくなります。そこで、2種類のアナグラム課題を同じスクリーンに提示し、一部の生徒だけに"易しい"問題が見えるような偏光サングラスをかけさせるようにすればいいわけです。

　実際の実験では、内田先生の勤務していた中学校の1年生に実験に参加してもらい、クラスごとに図のような配置でアナグラム課題をやってもらいました。あらかじめ座席の上に偏光サングラスを置いておき、特定の生徒だけが"易しい"問題が見えるサングラスになるようにしました。偏光サングラスの違いは肉眼ではわからないので、生徒たちはみんな同じサングラスをかけていると思っていました。

　もちろん、"易しい"課題を解く生徒はランダムに選びました。こちら

の思った通り、"易しい"課題を解いた生徒はアナグラム課題で高い得点をとりました。さらに、これも計画通りにこれらの生徒は自己効力感を高めたことも確認されました。しかも、自己効力感はその後1年以上も高いままに維持されたのです。

　さて、それでは自己効力感を高めた生徒たちの成績はどうなったでしょうか。嬉しいことに、生徒たちの成績にも良い変化が見られました。しかし、残念ながら、自己効力感と学業成績の因果関係の証明にはデータの数が不十分でした。心理学の実験結果は、偶然によっても左右されるため、確率に基づいて実験結果が確かなものであるかどうかを統計的に検定する必要があります。この研究では、"易しい"アナグラム課題を解くことで自己効力感が高められることは確認されましたが、学業成績の向上については、そうした傾向は見られたものの統計的に有意とは言えませんでした。

## 大規模な再現実験：自己効力感を高めると成績も向上する（ただし男子だけ）

　では、どれくらいのデータをとれば十分なのでしょうか？検定力分析という手法を使うと、必要なデータ数がわかります。この研究には84人以上の生徒を「自己効力感を高める条件」に使う必要があったのでした。しかし、実際には24人しか使っていませんでした。「自己効力感を高める条件」に割り振られた生徒は、各クラスに4人だけでした。なぜ「各クラス4人だけ」だったのかというと、"易しい"課題によって高得点を取れる生徒がクラス32人の中に10人も15人もいたとしたら、すごいことではなくなってしまうからです。そこで、この条件の生徒を増やすとしても各クラス6人までが限度でしょう。となると、どうやって84人に増やしたらいいでしょうか？

　実験を実施するクラス数を14クラスに増やせばいいわけです。といっても、1学年に14クラスもあるようなマンモス校は長野県のどこにもありません。実験校を増やして3校にすれば14クラス分集まりますが、大

掛かりな心理学実験をやってもらえるようにするためには、その学校の校長先生をはじめとする教員全員の協力が必要となりますから、そう簡単にはいきません。結局、私たちは同じ中学校で同じ実験を3年間かけて繰り返して実施することにしました。中学1年生約200人（6クラス）の生徒のうち成績中位の約100人をランダムに「"易しい"課題条件」（約30人）と「通常課題条件」（約70人）に割り振ってアナグラム課題を実施することを3年間繰り返すことになります。アナグラム課題実施後に学業成績の変化を最低1年間は追跡調査することを含めると全部で5年計画の研究となりました。

　実験の結果は、予想通りに以前の実験を再現したものとなりました。しかも、今度は十分な数のデータによって、「"易しい"課題」→「アナグラム課題高得点」→「自己効力感の向上」→「学業成績の向上」の連鎖が確認されました。つまり、自己効力感と学業成績の因果関係が検証されたのです。ただし、残念なことに、自己効力感を高めても学業成績が向上したのは男子生徒だけでした。女子生徒では、「"易しい"課題」→「アナグラム課題高得点」→「自己効力感の向上」までの連鎖は見られたのですが、最後の部分だけは確認できませんでした。なぜ、女子生徒では期待された効果が見られなかったのかはまだ謎のままです。

　私たちは早速この研究成果を国際学会で発表し、さらには論文にまとめて国際的な学術誌に投稿しました。しかし、ここにもまだ難関が残っていました。論文の投稿を開始したのが2014年でしたが、一流の学術誌には厳しい論文審査があり、何度書き直しをしてもなかなか採択になりませんでした。苦節4年、最後は英文の精錬のためにネイティブの助っ人を共著者に加えて、2018年9月にアメリカ教育研究学会の学術誌AERA Open に公刊することができました。それが、Uchida, Michael, & Mori（2018）という論文です。この学術誌はオープンアクセス誌なので、学会員でなくても誰でもインターネットで読むことができます。「Uchida, Michael, & Mori（2018）」で検索すると簡単にこの論文が見つかります。（「でも、英語で書いてあるんでしょ。それじゃ読めないや。」という人にも、Google 翻訳という手があります。自動翻訳の技術は日進

月歩です。この数ヶ月間にもこの論文の日本語訳は少しずつ改善され、ほぼ内容が理解できる日本語になりました。）なお、内田先生はこの研究などをまとめた博士論文を北海道大学に提出し、2018年3月に博士号を授与されました。

## 子どもたちを実験に使うことの倫理的な問題と証拠に基づく教育の必要性

　最後に、「研究のためとはいえ、子どもたちを実験台に使うことは許されるのか」という倫理的な問題についても述べたいと思います。実は、教育心理学者が「教育に関する科学的な研究」をしようとする際に、越えなければならない最も大きなハードルがこの倫理的な問題なのです。内田先生との共同研究は、教諭として校長先生や同僚の先生方からの信頼が厚く、生徒たちからも慕われていた内田先生がいたからできたことでした。

　しかし、こうした個人的なツテに頼っていたのでは、教育の科学的な研究は進展しません。文部科学省が主導することで、教育研究のための実験校を整備し、こうした実験研究が行なえるような環境を作る必要があると思います。全国にある国立の教員養成大学・教員養成学部には、付属学校があります。これらの付属学校を教育研究のための実験に活用できるようにしていくべきでしょう。付属学校が教育研究に適しているのは、保護者や児童生徒が自分たちの意思で入学することを決められるからです。募集の段階で、教育研究に協力してもらうという条件を明記し、それに同意する保護者や児童生徒だけに入学してもらうことができます。これは、学区が決まっている通常の公立学校ではできません。

　私たちの実施した実験研究では、一部の生徒だけが"易しい"アナグラム課題を解き、高得点を取ることで自己効力感を高め、最終的には学業成績を向上させることになりました。一部の生徒だけにこうした優遇措置をすることには問題はなかったでしょうか。まず、"易しい"課題を提示する生徒は、ランダムにくじ引きで公平に選ばれていました。また、

149

「優遇措置」と言っても、特定の生徒たちだけに特別な授業をしたり、長期にわたって働きかけを続けたりしたわけではありません。通常の教育活動でも、授業の中で偶発的に一部の生徒が良い答えをして褒められたり、班対抗の活動で勝ったりすることはよく起こることです。さらには、成績が向上したことの直接の原因は、結局のところ生徒自身がよく勉強したことであって、私たちはそのきっかけを提供しただけにすぎません。

　一方、"易しい"アナグラム課題を提示されなかった残りの生徒たちが不利益を被ったわけでもありません。通常のアナグラム課題を解いた生徒たちも30問中平均して20問が解けるようになっていました。現に、この課題を解くことで自己効力感には変化が見られませんでした。もちろん、比較対照条件に割り振られたこれらの生徒たちの成績が下がったわけでもありません。

　今回の実験研究の実施にあたっては、研究の目的や期待される成果、また予想されるリスクなどについて、協力中学校の校長先生をはじめ教諭の先生方に十分な説明をして同意をえるというインフォームド・コンセントの手続きが取られました。さらには、当時私が所属していた東京農工大学の研究倫理委員会の審査も受けています。現在では、医療の分野でもこうした手続きによってRCT実験が数多く行なわれています。「証拠に基づく医学（evidence-based medicine）」という考え方が広く受け入れられるようになったからです。同様に、教育の分野でも、「証拠に基づく教育（evidence-based education）」の重要性が提唱されるようになりました。アメリカ教育省が今世紀初めに開設した「何が効果があるかについての情報交換所（What Works Clearinghouse: WWC）」では、教育の証拠として最も重要であるのはRCT実験による研究成果であるとしています。教育の科学化のためにRCT実験は不可欠です。日本でもRCT実験ができるような環境を整備していく必要があるのです。

　私たちの研究でも、RCT実験ができなければ、自己効力感と学業成績の因果関係を検証することはできませんでした。私たちの研究で明らかにされたことは学校教育にとってきわめて重要なことです。まず、生徒

の自己効力感は教師が工夫すれば高められることがわかりました。また、自己効力感を高めることが学業成績の向上に繋がるという因果関係も確認できました。さらには、アナグラム課題でついた「自信」が一般的な自己効力感となって、勉強に対する「自信」ともなった可能性があります。何か一つのことでも自信を持てることがあれば、それが他のことにも良い影響を与えるのだと思います。実は、こうしたことは学校教育の現場では以前からよく知られていたことでした。学業成績が振るわない生徒でも、部活動などで活躍している場合には、自己効力感を高く保つことができるため、ちょっとしたきっかけで勉強に力を入れるようになり、成績も上がっていくようなケースは珍しいことではないからです。だからこそ、学校では生徒が何か得意なことを見つけて、それに取り組むことを推奨してきたわけです。**この小論の冒頭の問い「自信をつければ成績も伸びる？」への答えはもちろん「イエス」だということです**。

第3部　第3章

# 「百点をつけないテスト」の蔓延
## 〜学校におけるテストの意義を もう一度考える〜

守　一雄

　学校ではテストが繰り返し行われています。一体、テストはなんのためにするのでしょうか？　テストは「試験」とも呼ばれますが、テストも試験も元々の意味は「試す」ということです。「本番」の前に「テスト」をするという意味のはずですが、では学校のテストは一体、どんな「本番」のためのものなのでしょうか？　入学試験？　でも、入学「試験」も「試す」もののはずです。そこで、入学試験を「本番」に想定したテストは「模擬試験」と言われたりします。

　実は、テストには大きく分けて2つの種類があります。一つは「百点をつけるテスト」、もう一つは「百点をつけないテスト」です。「百点をつけるテスト」は本来の意味のテストです。生徒が学んだことを「ちゃんと学べているかどうか」を「試して」みるものだからです。教師がしっかりと教え、生徒がそれに応えてしっかりと学んでいれば、全員が「百点が取れる」はずです。生徒は「百点が取れること」を目標に勉強をしていますし、教師も生徒が「百点を取ってくれること」を望んでいます。つまり、教師は「百点をつけるテスト」を作っているわけです。

　では、もう一つの「百点をつけないテスト」とはなんでしょうか？　どうして、あえて「百点を

つけない」ようなテストを作るのでしょうか？　なぜなら、このタイプのテストは「生徒に差をつけるためのテスト」だからです。「全員が百点」だったら、差がつかなくなってしまうので、わざと「百点が取れないよう」に作ることになります。例えば、入学試験で受験者が全員百点だったら、試験をする意味がなくなってしまいます。

　このように、「テスト」と呼ばれているものには、まったく正反対の２つのタイプがあるのですが、その違いが生徒たちだけでなく、出題する側の教員にもわからなくなってしまっているようです。そこで、もう一度、それぞれのタイプのテストの目的について考えてみることにしましょう。そして、それぞれのタイプはその目的に従って、別々の特徴があることも紹介したいと思います。


## 「百点をつけるテスト」の目的

　前にも述べたように、「百点をつけるテスト」こそが本来の意味のテストだったはずです。このタイプのテストでは、「学んだことがちゃんと学べているか」をテストします。そこで、このテストで重要なことは、「どこができて、どこができなかったか」を知ることです。なかでも、「どこができていないか」を知ることこそがこのテストの最も重要な目的になります。

　「百点をつけるテスト」という名前をつけましたが、実はこのタイプのテストでは「点数」は重要ではありません。さらに言えば、点数をつけるべきでもありません。例えば、ある漢字のテストで、問題が10問出されたとしましょう。このとき、各問題に10点ずつ配点して、「７問できたので70点」という「点数」をつけても意味がないのです。同じ「70点」の場合でも、「ある漢字が読めなかった場合」と「別の漢字が書けなかった場合」では、まったく違う結果と考えるべきだからです。前者の場合なら、「その漢字の読み」について、もう一度よく学ぶ必要があることがわかります。後者の場合には、「その漢字が書けるようにする」ことが必要となります。どちらの場合でも、またテストをして、最終的には「百

点」が取れるようになることを目指すことになります。だから、このタイプのテストは「百点をつけるテスト」なのです。

## 「百点をつけないテスト」の目的

一方、「百点をつけないテスト」は、本来「テスト」と呼ぶよりも、「競技」とでも呼ぶべきものです。オリンピックの採点競技がこのタイプのテストによく似ています。例えば、体操競技やフィギュアスケートなどで「百点をつけないテスト」が使われます。いろいろな技にそれぞれ配点がなされていて、それぞれがどれだけできたかが審査員によって判定されます。

そして、その合計が「得点」となります。オリンピックの選手ともなれば、それぞれの技ができるのは当然なので、「10点満点」で採点されていた時代には、ちょっとしたミスの有無を細かく（意地悪く）見つけるような「減点法」の採点にならざるを得ませんでした。そうしないと、「全員が10点満点」になってしまい、メダルの色が決められなくなってしまうからでした。その結果、観衆を沸かせるような難度の高い大技に挑戦するよりも、無難な技をミスなくこなす方が高得点が出やすいという欠陥が指摘されるようになり、現在のような「加点法」の形式になったわけです。

学校でのテストも「百点をつけないテスト」の場合は、難しさの異なる問題を組み合わせて、平均点が60点くらいになるように作ります。テストを受ける生徒の側も、これは「競技」ですから、できるだけ高得点が取れるような作戦も重要になります。「配点」が大きい問題に時間をかけても、解けなければ点が取れません。それよりも、確実に「易しい問

題」で点数を稼ぐ方が高得点が取れるわけです。入学試験のように、複数の教科や科目の合計点で争われる場合には、得意な教科で得点を稼げば、不得意教科の低得点を挽回できることにもなります。ちょうど、あん馬は苦手でも、鉄棒で高得点を稼いで、総合得点で上回れば金メダルが取れるのとよく似ています。

このように、「百点をつけないテスト」の場合には、得点こそが一番大事なものとなります。スポーツにドーピングがあるように、このタイプのテストではカンニングをしてでも高得点を取ろうとするのもそのためです。

## 「百点をつけないテスト」の蔓延

タイプの異なる2つのテストは、それぞれ目的が違うのですから、どちらが正しいとかどちらが優れているとかいうことではありません。端的に言えば、「それぞれを目的に応じて使うべきである」というだけのことです。しかし、現代の教育においては、以下の2つの問題点があることに気づく必要があります。まず、教師も生徒も2つのテストをその目的に応じた適切な使い方をしていないことが第一の問題点です。もう一つの問題点は、中学校、高校と進むに従って、ほとんどのテストが「百点をつけないテスト」になってしまっていることです。成績が上位だった人でも、中学校や高校では百点をとったことは記憶にないのではないでしょうか。

実は、「百点をつけるテスト」は教師が出題しなくても、生徒が自分でできるものです。「自分は何ができて何ができないのか」は、いろいろな問題を解いてみればわかるからです。そこで、「よくでき

る生徒」は、自分で「百点をつけるテスト」を繰り返しやって、「できないところを学び直す」ことをしています。受験勉強で市販の問題集を繰り返しやるのは、まさにこのことをしているわけです。「よくできる生徒」は「百点をつけるテスト」で確実に百点が取れるよう準備をして、「百点をつけないテスト」に臨むことで、高得点を取っています。さらには、「百点をつけないテスト」の結果も活用して、「どこができなかったのか」の情報を得ています。

一方、「成績の振るわない生徒」は自分で「百点をつけるテスト」をやろうとしません。そこで、代わりに教師がそうしたテストをしたとしても、得点だけに一喜一憂してしまい、テストの目的に沿った活用ができないのです。そもそも、半分以上ができなかった答案を返却されて「どこができなかったか」を探してみても、できなかったところだらけでは有効な対策の取りようがありません。結局、どんなテストも「競技」のようになってしまい、ただただ負け続けるだけで、「テストから学ぶこと」ができなくなってしまっているのです。

## 学校では「百点をつけるテスト」こそが必要

学校に2つのタイプの異なるテストが混在しているために、テストの目的が正しく理解されず、さらには、「できるかできないかを試す」という本来のテストの目的から外れた「競技」のようなテストが蔓延することになってしまいました。ここでもう一度、テストの本来の目的に戻って、学校でのテストを「百点をつけるテスト」にし、しかも、それだけに限ることにしたらどうでしょうか。小学校でのテストは「百点をつけるテスト」だったのではないでしょうか。

「「百点をつけないテスト」の蔓延

「じゃ、今までのテストはどうするんだ？」と言うかもしれませんが、「競技」のようなテストは、オリンピックのように「競技」として、学校の外でやればいいのです。今でも、予備校などが「実力判定テスト」とか「全国模擬試験」とかいった名前で実施していますから、それを利用すればいいのです。ここで大事なことは、誰もがオリンピックに出るわけではないように、こうした「競技」としてのテストは、希望者だけが受験すればいいことにすることです。負けることだけがわかっていて、何の役にも立たない「競技大会」に出場しても苦痛なだけという生徒もたくさんいます。彼らに取って必要なのは、そうした「競技」ではなく、自分の学びの指針となるような本来の「テスト」です。

教育評価の専門家は「百点をつけるテスト」を「絶対評価」、「百点をつけないテスト」を「相対評価」と呼んできました。しかし、絶対評価や相対評価の意味も多くの教師によく理解されていないようです。学校で「百点をつけないテスト」を廃止することは、学校から偏差値をなくすことでもあります。「競技」や「競争」が必要なのは上位の生徒だけです。大半の生徒に必要なのは「競技」ではなく、「どこができないか」を知ることです。学校でのテストがすべて「百点をつけるテスト」になり、他人と競争する必要がなくなれば、テストの本来の意味や目的が生徒たちにも教員にも理解されるようになると思います。

第3部　第4章

# 先生、体育って頭使うんですね！

濱　田　敦　志

　大学に来て2年が過ぎようとしている。体育科教育が専門であるが、学生に体育を教えていて、「先生、体育って頭使うんですね！」という学生がたくさんいる。体育は身体活動が中心になる教科であるが、今まで体育で頭を使ってこなかったということになる。

　学生が頭を使うという具体的な内容は、運動構造について話したときやゲーム構造について話したときである。例えば、走り幅跳びで遠くに跳ぶためには何度で跳べばいいのか。45度である。しかし、45度に踏み切ると、22.5度にしか跳べないのである。正解は90度に踏み切るのである。物理のベクトルで考えればわかる。

　例えば、ゲーム構造論。ベースボール型ゲームはゲームが二重構造で難しい。出塁課題と進塁課題の攻防をしているわけだが、バットレスベースボールゲーム（バットを使わず手で投げる）をやらせると、頭を使うようになる。バッターはバットにボールを当てるという視点から、ボールをどこに送り出せばセーフになるのかという視点に切り替わる。相手の守備位置はどうなっているとか、1塁に遠い方がセーフになりやすいとか、1塁ランナーを進塁させるためにはどこにボールを送り出せばいいのかとか考え始めるわけである。この意図した攻撃が可能になることによって、守備側には対策が必要になってくる。作戦とは、傾向と対策の結果に生み出される個々の対策そのものである[1]。その場の情況を読みどう対応するのか、攻防の駆け引きの面白さに夢中になるのである。

　体育には「わかっていて、できる」子と、「わかっていても、できない」子と、「わからないけど、できる」子が存在する。「わからないけど、

できる」状態の「ただうまい人」の存在が、他教科にはない存在ではないだろうか。「運動神経がいい」という言葉がよく使われるが、運動神経という神経はない。運動が得意という子に話を聞くと、「自分はなんとなくできそうだという感覚がある」という。「動きの感じ」で運動を行っているので、頭は使わないということなのだろうか。暗黙知の領域である。

　学生に小中高校の体育教師のイメージをアンケート調査した。小学校の体育教師のイメージは、担任が行う場合が多く、明るい、楽しい、優しい、元気などのよいイメージが多い。また、授業に関しても優しく楽しく教え、きめ細かな対応をしているという印象が強く感じられる。

　中学校の体育教師のイメージは、小学校同様明るい、楽しいという印象に加え、情熱的や熱血という表現が加わる。親しみやすさやフレンドリーさを感じる反面、悪い印象では、小学校ではあまりなかった、怖い、厳しいがとても多くなる。生徒指導担当という役割を担うことが多い印象である。授業では小学校より専門性が増していることをよくとらえているが、部活動の影響が大きくなることもうかがえる。

　高校の体育教師のイメージは、中学校同様、情熱的や熱血という印象であり、親しみやすさやフレンドリーさに加え、面白いという印象が加わる。悪い印象では、中学校同様、怖い、厳しいがとても多くなる。やはり、生徒指導担当という役割を担うことが多いようである。授業では小・中学校より専門性が増していると感じている。生徒の自主性を重んじていると感じている学生が多い反面、放任と捉えている学生もいる。中学校同様、部活動の影響が大きくなることもうかがえる。授業の始めと終わりにしかいなかったり、シュートの入った数で評価をしたり、練習ばかりをやらせたりと、体育の専門家として問題のある教師も存在している。

　体育教師の身体性は、声が大きく、体が大きく、色黒という特徴がある。中学校・高校の体育教師は、スポーツを行ってきたスポーツマンである。「スポーツマン」の精神的な特徴は、「明朗」「ほがらか」「くよくよしない」「決断力がある」「公正な」「紳士的な」といったイメージ。身体的な特徴は、「立派な体格の人」「頑強な」といったイメージである[2]。

「体育人」や「体育会系」という言葉があるが、そこに所属をしてきた人たちである。「体育人」はスポーツマンの特徴に加え、精神的な特徴に注目すると、「物事を複雑に考えない」「上下関係にうるさい、権威的」「頑固さ」「統制のとれた」といったイメージが強い[3]。

これらの身体性が、学校という組織の中で生徒指導という役割を担わされる要因になっているとも考えられる。

松田は20年前に、大学1年生166名に「体育のセンセイ」を絵に描かせ、その特徴を数量的にまとめる調査を行った。その結果、「髪が短い」「背が高い」「筋肉質」「胸板が発達している」など体格の良さを描き、「日焼け」「目つきの鋭さ」「太い首」「大声」「脳まで筋肉」などの特徴を挙げ、「体育のセンセイ」は学校教員の中で、「知的なもの」からもっとも遠い存在としてイメージされている[4]と述べている。これらのイメージが「体育は頭を使わない」と思わせてしまっている一つの要因になってはいないだろうか。

体育という教科が富国強兵の規律訓練から発生してきている歴史があるが、いまだにその名残を引きずっているのであろうか。

梅澤は、個々人の身体能力を向上させることや効率的に技をできるようにさせることを教育方法の中心に据える体育を、「20世紀型体育」と呼び、「残念な体育」と述べている[5]。

また、鈴木は、体育には「学習内容論」が不在で、「学習活動論」ばかりが先行し、授業実践が考えられてきた傾向があり、学びの考え方が変化し、指導方略も著しく変化していく中で、体育は他教科から取り残され独自の教科観を形成していると述べ、この現象を「体育のガラパゴス化」と呼んでいる[6]。

これからどんな体育をめざしていけばいいのか。わたしの一つの指針として、滝沢の述べる賢い「からだ」の育成[7]がある。

①言葉なしに対話できる「からだ」

②的確な判断ができる「からだ」

③的確な対応ができる「からだ」

④意図を実現できる「からだ」

こんな「からだ」を手に入れたら素晴らしいことではないだろうか。「Only muscle No brain」の時代は終った。「身体で考える」という、身体的思考「Physical literacy」の育成をめざしたいものである。

**引用文献**

1) 土田了輔，「だれもがプレイの楽しさを味わうことができるボール運動・球技の授業づくり」教育出版、p. 30（2010）.
2) 松田恵示，「交叉する身体と遊び」世界思想社、p. 126（2001）.
3) 松田恵示，前掲書，p. 128（2001）.
4) 松田恵示，前掲書，pp. 129-132（2001）.
5) 梅澤秋久，「体育における『学び合い』の理論と実践」大修館書店、pp. 12-17（2016）.
6) 鈴木直樹，「子どもの未来を創造する体育の『主体的・対話的で深い学び』」創文企画，pp. 8-12（2017）.
7) 滝沢文雄，「体育の見方、変えてみませんか」Gakken、pp. 26-32（2009）.

第3部　第5章

# 「知っている」と「理解している」は違う!?

佐藤　茂太郎

## 【その1】
## 「意味理解」や「つなげる」ことの大切さ

　これまで小学校の子ども達に、算数の学習で意味を理解させることを大切にして指導してきました。指導していてこんな子どもに出会ったことがあります。高学年の子どもでした。その子は平行四辺形の公式をしっかりと暗記できていました。答案用紙にはお決まりの公式「底辺×高さ」としっかりと書いていました。

　ところがです。平行四辺形の面積を求める問題に当たった時、その子は次のように解決していたのです。

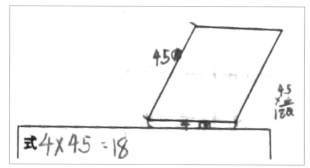

図1　子どもの解決（平行四辺形の面積を求める）

　この画像を見ていただいてお分かりのようにこの子どもは、底辺4 cmと斜めの辺の4.5cmをかけて面積を求めていました。もう一度確認しますと、この子は「平行四辺形の公式は？」と尋ねると「底辺×高さで

162

す。」と明確に回答できます。しかしながら、実際に自分で面積を求める際に必要な長さを測って求めるという問題にぶつかった時、このように底辺と斜めの辺をかけて求めてしまう、つまり、この子は平行四辺形の面積を求めるという理解にまで至っていないことが分かります。

　このことを見たときに私は、時おり教室で先生から子ども達へ「みなさん、分かりましたか？」とか「いいですか？」といった言葉を発することがこわくなりました。先生のご経験がある方なら分かると思いますが、子どもは気遣い（忖度）をしてくれて、「分かりましたか？」と尋ねると、「うん。」とか「分かった〜！」とか教師が安心する言葉を返してくれるからです。今、思い返してもそのように子ども達に尋ねてきたことはおそろしいことだと思っています。

　それからというもの、私は子どもが「分かった〜！」とか「カンペキ！」なんていうことに懐疑的になり、「何が分かったの？説明してごらん。」という先生になってしまいました。きっと子どもからすると意地悪な先生だったと思います。でも、その時の私は、理解することはそんなにたやすいことではないということも子ども達に伝えたかったという思いがありました。


　さて、小学校の教師としてこのような経験をしてきましたが、できるだけ多くの子に意味の理解も伴った学習内容の理解ということができないものかと考えるようになりました。その一つの方法として、子どもが持っている知識と新しい学習内容をできるだけつなげてあげたらいいのではないかと思うようになりました。今回は、「つなげる」というキーワードをもとに小学校で学習する「わり算」を例にして少しお話ししたいと思います。


## ◇わり算の素地って何だろう

　唐突ではありますが問題です。小学校算数科では３年生で学習するわり算の意味には２種類ありますが、どんな意味があるでしょうか。

答えは、教科書から見つけてみましょう。この2つの問題を読んで違いが分かるでしょうか。

A

B

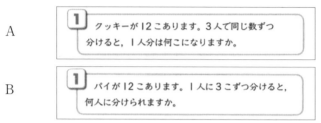

図2　割り算の問題（藤井他，2014，P. 39，P. 43）

　Aは、12個（ある数量）を3等分したときにできる一人分の個数を求めるという意味です。Bは、12個（ある数量）を3個ずつ分けていったときに何人分になるかという意味になります。

　この3年生のわり算の学習の素地になる学習は何でしょうか。「つなげる」という視点で見ていきたいと思います。子どもがこの段階でわり算とつなげることができる知識は何か、それは、2年生のかけ算九九になります。2年生ではCのようにかけ算の意味を学習します。

C

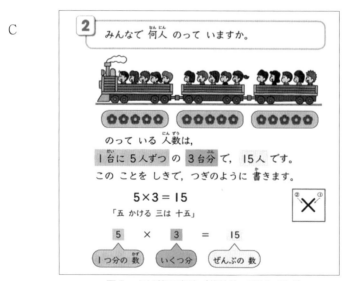

図3　かけ算の意味（藤井他，2014，P. 6）

「知っている」と「理解している」は違う⁉

　ここに、かけ算の意味が載せられています。「1つ分の数 × いくつ分＝ぜんぶの数」です。先ほどのAとBの問題に当てはめてみましょう。すると次のようになります。言葉の式と数の式を示してみます。

---

A
　1人分の個数×何人分＝全部の個数
　□× 3 ＝12

---

B
　1人分の個数×何人分＝全部の個数
　3 ×□＝12

　このように表すことができます。AとBでできた式を並べてみることにします。すると、以下のようになります。

---

A　□× 3 ＝12
B　3 ×□＝12

---

　この2つの式を見たときに、AとBのどちらの□に数が入れやすいでしょうか。入れやすさの感じ方は人それぞれですが、私の経験ですとBの方が入れやすいと感じる子どもが多かったようです。理由を尋ねると「3の段が使えるから。」という回答が多かったです。確かに、Aは何の段の九九を使えばよいかすぐには分かりませんが、Bならすぐに分かります。

　これらのことから3年生のわり算はBの意味から学習させた方がよさそうに思います。ところが、実際にはAの方から学習するようになっています。学校教育で使用している教科書は6つの出版社ありますが、現在は多くの出版社がAから学習するようになっています。

　ではなぜAから学習させるようにしているのでしょうか。その1つの理由として「わり算」という言葉の意味が等分するということとつなが

165

りやすいという理由があります。ところが、せっかく2年生でかけ算の意味を学習しているのですから、その知識とつなげてあげる視点も大事なのではないかと思います。

そのようなことを考えていましたら、小さい子はどのように分けるのかと思い観察していました。するとDのように分けるという操作を行っていました。

D

資料1　お菓子を分ける子ども

静止画ですので分かりにくいのですが、お菓子を1本ずつお皿に等分しているのではなく、いくつかの本数をまとめてお皿に分けていました。つまり、Bの意味に近い考えで分けていました。そういえば、牛乳を分けるときに、1mLずつ分けることは普通はしません。子どもの生活経験の知っていることや感覚からすると、等分からわり算を学習させたらよいか、それともある数ずつ分ける学習からがよいか検討が必要な気がしてきます。

実はわり算は厄介なことに、さらにつながって進んでいきます。「あまりがあるわり算」や「わり算の筆算」そして、高学年では「小数のわり算」「分数のわり算」まで登場します。どのように「つなげる」と子どもの学習にとってよいかはこれからも検討が必要になると思います。

私たちは大人になり、何気なく子ども達に学習内容を教えます。ところが、「つなげる」という視点を大切にしたいと思うと単に教えるだけではいけないことに気が付きます。そして、ある学習内容を少し掘り下げたり違った視点で見たりしてみると同じ内容でもこれまでとは違ったものとして見ることができるようになり、子どもの理解の手助けになる可能性が広がる気がしてきます。そういうことを考えると学ぶことが愉しくなります。

　最後に、これから教育学部を目指す方へのメッセージです。松本大学教育学部で、小学校の学習内容をまた違った視点で見ることができるように学んでみませんか。これまでとは違った見方や考え方ができるようになり愉しくなるはずです。お待ちしています。


執筆をする上で参考にした主な文献は以下の通りです。

市川伸一（2012）．現代心理学入門３　学習と教育の心理学増補版，岩波書店．初版は1995.

藤井他（2014）．『新編 新しい算数　３上』東京書籍株式会社.

藤井他（2014）．『新編 新しい算数　２下』東京書籍株式会社.

文部科学省（2018）．小学校学習指導要領（平成二十九年告示）解説算数編，日本文教出版.

## 【その２】
# 「位」って結構難しい

　小学校の教員時代、算数の少人数指導担当になり、全学年の算数指導に当たったことがありました。一日のうちに、一年生の授業と六年生の授業を連続して指導することもありました。子どもは５年経つと心も体も頭脳も大きく伸びますが、私は５年経っても…いや、子ども達に負けないように学び続けなければと思ったことを覚えています。

　さて、その時の一年生を相手にした授業を紹介しましょう。なるほど、子どもはさすがだなと思った瞬間が随所で見られました。
　十進位取り記数法の内容を指導した時のこと、その日の問題は次の通りです。

> 10個までのブロックで「二十三」を表しましょう。

　まず、「二十三」を10個までのブロックを使ってもよいという制約を設けました。するとある子どもは、以下のように表していました。これは、十（白）と一（黄色）をブロックの色で判別していました。なるほどと納得できます。

（写真は、子どもと反対側から撮影しています。）
図１　「二十三」をブロックで表す子ども①

　子ども達は、「かんたん。かんたん。」などと口々に言っていました。白色を10に見立てる、黄色を1に見立てるすばらしい発想だと思いまし

た。次に、私は次のように子ども達に言いました。

> 色を全て黄色で表して「二十三」を表しましょう。

こう言うと、「えー。」とか「できるー。」とかそういった発言が出てきます。机間巡視（机間指導ではなく）をしながら様子を見ていますと次のように表している子がいました。

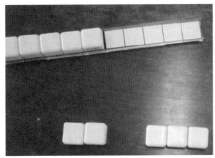

図2　「二十三」をブロックで表す子ども②

どうでしょうか。場所（位置）によって数の大きさを変えていることが分かります。この写真ですと左側が十を、右側が一を表しているのだろうと推測できます。それから、こんな子もいました。

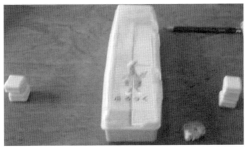

図3　「二十三」をブロックで表す子ども③

ブロックが入っている入れ物で区分けして左側を十と右側が一を表していることが分かります。この子はブロックを積んでいますが、その理由は分かりません。
　このように、同じ色という限定して課題を与えると場所（位置）によって数の大きさを表そうとする児童が多く見られました。位取りの考え方につながる大事な考えです。
　練習をしようと思い「四十五」を表してみる課題を課したところ次のような子がいました。

図4　「四十五」をブロックで表す子ども

　やっぱりこういう子がいます。子どもは賢いです。10個以内のブロックで表すという条件は吹っ飛んでいたようです。いろんな子がいるから学級は愉しいのです。

　さて、ここで学習は終わりません。位取りの考え方を指導しなければいけませんので、ブロックで表したものを今度は図に置き換えていきました。そして、十の位・一の位という位取り記数法についての指導をした後、今度は○の図でノートに表す学習をしました。子ども達は「かんたん！」とか「らくしょう！」と言いました。そして、ある子が「九十九だってかんたんだよ！」と言いました。

「知っている」と「理解している」は違う⁉

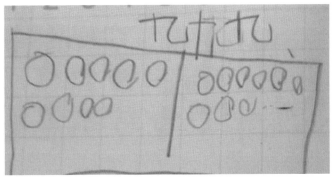

図5　「九十九」を〇の図で表す子ども

　この子は一の位、十の位と書いていませんが、「九十九」をこのように表すことができました。一の位に〇の図が9個あれば9という意味を表し、十の位に〇の図が9個あれば90を表すということが少しずつ分かってきている段階です。場所（位置）によって、数の大きさを変えるというアイディア、つまり、位の意味を理解することはそうたやすくはありません。次の活動をさせれば一目瞭然です。
　次は、空の位を表す指示をしました。ここでは、「七十は表せる？」と言いました。そうしましたら、8割程度の子ども達は、次のように表していました。机間巡視をしながら空位はやはり難しいのだと実感しました。

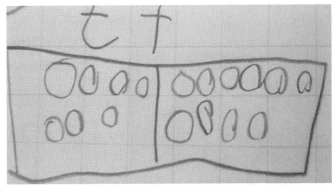

図6　「七十」を〇の図で表す子ども

171

子ども達は、小学校に上がる前までに例えば「二十三」を「23」で表すことや、「九十九」を「99」と表すことは経験的によく知っています。もちろん、この子達も「七十」を「70」と書くことは知っていました。しかしながら、知っていることと、位取り記数法を理解していることは異なることが分かります。

　先ほどの「七十」を数字で書けば素直に「710」と表したくなります。しかし、長い年月をかけて人類が生み出してきた知恵は場所（位置）によって数の大きさを判断できるようにしましょうということでした。普段何気なく生み出されてきた結果のみを使っているとこの恩恵にはなかなか気づくことができません。学校教育の意義を改めて思う次第です。「二十三」は「2103でしょう。」とか「２０３でしょう。」と教師があえて問い、子ども達に「そんなのおかしいよ。」と言ってもらって教師から「なぜ？」と問い返すようなことを大事にした学習も意義があると思っています。

　松本大学教育学部では、小学校算数科の学習内容を、どのようにそしてうまく効率よく教えるかということだけでなく、なぜその教材を教えるのか、教科書に示されている学習内容の背景は何かといったことなど、眼の前にある「モノ」に捉われずに眼の前の「モノ」に対して度が高い「メガネ」をかけて見てもらえるようにしようと学生に指導しています。できるだけ度の高い「メガネ」をかけて卒業していただけるよう指導しています。

　そして、教育にたずさわる仕事だけでなく、ご家庭を持ち自らの子どもを育てる時にも大いに役立つ学修を用意しています。皆さんをお待ちしています。

　最後に、参考にした文献は吉田洋一著（2015年、初版1939）の「零の発見—数学の生い立ち—」，岩波新書です。

## 第3部　第6章
# 理科教材の先用後利型サブスクリプションサービスモデル

澤　柿　教　淳

## 1．サブスクとは

　最近よく耳にするようになった言葉の一つに「サブスク」というのがあります。英語の subscription の略です。この言葉には本来、予約購読という意味があるようです。タイトルにあるサブスクリプションサービスとは、つまり、図1のように消費者が対象品を定期的、継続的に使うことができるサービスといったところでしょうか。

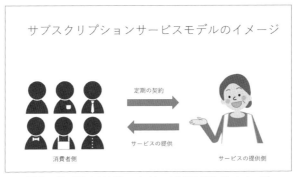

図1　サブスクリプションサービスモデルのイメージ

　例えば、スマホの契約に「毎月定額で通話し放題」というのがありますが、これは「サブスク」の一例です。一度契約すれば時間の制限がなく自由に使えるのがメリットです。同様に、動画配信の契約で「毎月定額で視聴し放題」というのもあります。お気に入りのコンテンツが見つかるまで何度でも交換できるのがメリットと言えるでしょう。また、近

年のIT業界をみてみるとソフトウエアの入手方法等でサブスク化が進んでいます。一度購入して古くなったソフトを使い続けなくても常に最新のバージョンを使用できるのがメリットです。この他にも、「サブスク」のメリットには、使用したい期間だけ利用できること、使いたい機能だけを選択して利用できること、自宅まで配送してくれること、いつでも解約できること、などが挙げられそうです。

一方、デメリットとしては、定額を支払ったものの実際はほとんど使用する機会がなかった、使用しているうちに飽きてしまった、使用したい魅力的なものがなかった、個人的にずっと所有したかった、などが考えられます。

このようなメリット、デメリットがある「サブスク」ですが、あえて理科教材のサブスク化を図りたいと考えています。

## 2．理科教材のサブスク化

### ～事例1　「種子タワー」を作ってお届けします～

理科教材をサブスク化するといってもちょっとわかりづらいかもしれません。そこで具体的にイメージしてみましょう。図2の写真は「種子タワー」というオリジナル教材です。小学校第5学年理科「発芽の条件」の単元で用います。この単元では、主に「発芽の条件は、水・空気・温度である」という内容を学習します。使い方は簡単です。タワー状の筒の中に3つの種子がそれぞれ高さを変えて植え込まれて

図2　小学校第5学年理科教材「種子タワー」

います。この種子タワーに水を与えるだけ（水面が図2の位置になるように
うにするのがコツ）。その後しばらく様子を観察します。数日後、発芽に
成功するのは種子2だけです。きっと子どもたちは、なぜ種子2だけが
発芽したのだろう？と自ら考え出すことでしょう。

これは手品でもマジックでもありません。種子が自然の摂理にした
がった結果です。実は本単元には、先の発芽の3条件を学ぶことと同じ
くらい大切なことがあります。それは、あの小さくて固い種子も周囲の
環境の影響を受けているという見方・考え方を養うということです。こ
の教材では、そんな種子の不思議さや巧みさを感じることができるで
しょう。まずは自然の事象とじっくり向き合うこと、それが理科の学び
の出発点となります。種子タワーという教材がその事象を示してくれる
のです。

ただ、これを担当の
先生が一人で手作りを
するとなるとちょっと
時間が必要です。そこ
で、理科教材のサブス
ク化を試みます。単元
に入る時期が近づく
と、学校には人数分あ
るいはグループの数分
の理科教材が届きま
す。送り届けられた日
からすぐに使えるよう
に図3のような活用事
例も添付されていま
す。

担当の先生は、学習
の進度や学年の行事等
に合わせながらいつで

● 「種子タワー」の活用例

種子2 だけが
発芽に成功！
でもなぜ？

（1）事実から入る場合
T「なぜ種子2しか発芽しないの？」
C「種子1と3が悪かったんじゃないのかな」
C「水が半分までしか入っていないからかな」
C「そうだ，水の量をもっと多くしよう」
C「あれ？水が多いのに種子3は…」（続く）

（2）予想から入る場合
T「上にも中間にも下にも種子を植えますよ。
　　どれが一番早く発芽するかな？」
C「上が1番だと思うよ。太陽に一番近いよ。
C「下が1番だと思うよ。水がたっぷりあるよ。
C「どれも同じだと思うよ。
C「う～ん，実験しないとわからない！」（続く）

図3　「種子タワー」の指導事例

も自由に、しかも時間の制限なく使うことができます。

## 3．理科教材をより安全に、より扱い易く

### 〜事例２　水や空気の体積変化観察装置

　理科の観察・実験は、本来子どもにとっては楽しいものなのですが、それを疎遠にしている理由の一つにガラス器具をはじめとする実験器具の取り扱いの煩雑さがあります。

　例えば、小学校第４学年理科「ものの温度とかさ」の単元では、図４に示した教材を使うことを提案します。通常、この単元では細いガラス管をフラスコに取り付けて観察・実験しますが、細いガラス管は折れやすくて危険ですし、そもそも事前に担当の先生がガラス細工をしてこしらえるのは大変なことです。そこで今回は、ガラス管の代わりに内径がわずか２mmのプラスチック製のパイプを、フラスコの代わりにジュースの瓶を使ってみました。こうすることで比較的安全に観察・実験ができるようになります。そして何よりも、身近な素材を用いることで、日常の中に非日常的な事象を目の当たりにするわくわく感を味わうことができます。

　以下、実際の使い方の一例です。ジュースの瓶の中になにやら怪しい色水が入っています。子どもたちは思わずのぞきこんでいま

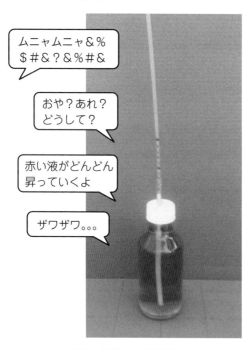

図４　体積変化観察装置

す。そこで授業者は、ジュース瓶を両手で包み、ムニャムニャと念仏を唱えます。すると、しだいに子どもたちがざわつき始めることでしょう。管の中を赤い液がゆっくりと、しかし着実に昇り始めていくからです。（短時間ではっきりと変化を見せたい場合は、お湯の入ったコップに投入して、あとはしらんぷりをする。そのうち、水のかさがどんどん増えていることに誰かが気付くはず。）子供たちは、あたかも水が何もしていないのに増えていき、二倍にも三倍にもなったかのように錯覚することでしょう。「水が増えていく」現象を確認した子どもたちは、次は、「なぜ増えたのか？」が気になるはずです。あるいは、「もっと増やしたい！」「ぼくもやってみたい！」と動き出すはずです。主体性が発揮されれば、あとは次の理科の時間を楽しみに待つことでしょう。

　この単元では、空気や水の体積の変化を観察しますが、観察する変化はとても小さな変化です。よほど意識して"見よう"としなければついつい見過ごしてしまうかもしれません。このように「小さなものを大きく見せる」ことは理科教材作成のポイントの一つです。

　ちなみに、瓶の中に空気が少しでも入っていれば、その変化の量や動くスピードは格段に大きく速くなります！その場合は、図5のようにプラスチック製のパイプを一旦取り外し、代わりにホースを連結してさらに実験してみましょう。本教材は、子どもたちの問題意識に応じて、簡単なアタッチメント方式で実験を拡張していくことができる構造になっています。

　もちろん、送られてきた教材を使わなくても結構です。お気に召さなければ従来から理科室にある教材を使用すればよいのです。いずれにしても単元が終わる頃には回収され、別の単元が始まる頃にはまた別の教

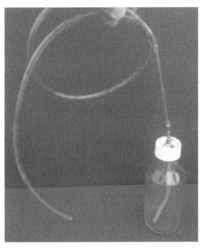

図5　ホースタイプのアタッチメント

材が送り届けられます。理科教材のサブスク化を図った場合とそうでない場合では、図6のような違いがあると想定されます。

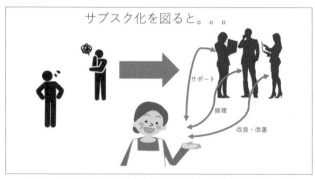

図6　理科教材のサブスク化を図った場合の効果イメージ

## 4．理科教材のオーダーメード

### ～事例3　「空気は入口と出口を見分けるの？」～

　理科教材のサブスク化を試していると、その学校、その学年、そのクラスだけにピッタリと合うオートクチュールのような一点物の教材ができ上がっていくことがあります。

　ある日、新たな教材が生まれるきっかけとなった授業に出合うことができました。単元は第6学年理科「ものの燃え方」でした。この単元は、もはや研究しつくされた感のある単元です。この日T先生は、「ペットボトルの口が開いているのにろうそくの炎が消える」という事象を子どもたちに提示していました。すると、子どもたちは「あれ？　口が開いているのだからずっと燃え続けるはずなのに。」と真剣に考え出しました。と、ここまではすでに多くの実践事例でも明らかになっていること。しかし、圧巻だったのはその後の子どもたちの活発な議論と、それを丁寧に取りあげていくT先生の姿でした。それはおおよそ次のように展開されました。

理科教材の先用後利型サブスクリプションサービスモデル

> C 「ふたを開けても空気が入ってこないんだ」
> C 「暖められた空気が上がっていくから、入り口で空気がぶつかっているのではないかな？」
> C 「外に出ようとした空気がふたになっていて、新しい空気が中に入れないのだと思う」

　この議論がしばらく続いて授業は終わりの時間を迎えました。どんなに同じ教材で、同じ教え方で授業をしたとしても、授業というドラマはいつも偶有性を秘めているものだと感心すると同時に、このような場面では話題を焦点化するという鉄則を再確認させられました。ただ問題は、どこに焦点化するかです。このときの子どもたちが気になっていたのは、「ペットボトルの口の辺りではいったいどんなことが起きているだろうか」ということだったのでしょう。あの時、子どもたちが気になっている点をクローズアップできる教材があったならどうなっていただろう、と思いました。

　授業後、教材作成室に戻って図7のようなあるしかけを試作してみました。ペットボトルの口の辺りにアルミホイルで壁を作り、二方向に分けてみたのです。

　もしも、子どもたちが考えたように「空気がぶつかっている」、「空気のふたができている」としたら、空気の入口と出口を分けて交通整理をすることによって、ろうそくの炎は燃え続けるはずです。一方、空気が、あたかも人間みたいに入口と出口を見分けて整然と動くなんて考えにくいことです。本当はどうなのでしょう。やってみないとわかりません。実際に試してみると、なんと、ペットボトルの中のろうそくは燃え続け

図7　空気の出入り口付きペットボトル

るようになりました。空気がまるで自らの意思で入口と出口を見分けているかのように整然と動いているのです。T先生の実践から子どもの視点に立った新たな教材が生まれた瞬間でした。さっそくT先生に予備実験の結果をお伝えし、後日、改良版のペットボトルをグループの数分こしらえてお渡しすることができました。

## 5．サブスク化の失敗例から学ぶ

### ～事例3　「空気は入口と出口を見分けるの？」～

　この他にも、理科教材のサブスク化を志向した事例はいくつかありますが、いつもうまくいくというわけではありません。実際はほとんど使用する機会がなかった、使用したくなる魅力的なものがなかった、ということも少なくありません。

　例えば、図8の「食物連鎖観察槽」がその一つです。

　観察層の中には、メダカやドジョウ、アメリカザリガニなどがいました。メダカはいわゆる「クロメダカ」で、教材用のヒメダカと比較することも可能でした。また、それぞれの観察層はパイプで連結され、水をフローさせて循環させることも可能です。小さめの水槽より自然に近い状態で、水温や水質が安定し易いことも特徴の一つです。なかなか受精

図8　食物連鎖観察槽

卵が採取できないという心配も少なくなります。さらに、屋外に放っておくだけでよいというメンテナンスの簡便性もある意味で教材としての利点でした。この観察層を使ってクラスで飼育したい、という場合には丸ごとお届けするというものだったのです。

　しかし、結果的にはどの学校からもオーダーはありませんでした。原因は一体何だったのか。おそらくその一つは、ねらいの曖昧さにあったと考えています。メダカの育ちを中心とする小学校第5学年理科の単元における利用を想定するのなら、もっと日常的な観察がしやすいように側面に窓を取り付けるなどの構造の工夫が求められます。では、食物連鎖を中心とする小学校第6学年理科の単元における利用ではどうか。実は近頃の小学校では、校庭の一画に立派なビオトープを併設しているところが多いのです。本教材のような中間的なサイズの観察槽をわざわざ設置する必要性はなかったのです。

　しかたなく、私はそのまま1年間、自分で飼育することになりました。冬になり、今季の「初氷」が観測されたある寒い朝のことでした。観察槽の水面には氷がはっていました。私は中のメダカたちはどうしているだろうかと心配になり、すぐに近づいて覗いてみました。しかし姿は見えません。氷がはっているのは水の表面だけですから、一緒に固まっているわけではないはずです。もう少し近づいて見てみることにしました。すると、観察槽の底の深い所にじっとして動かないメダカの姿がありました。数匹いるようです。過酷な自然条件の中でも、たくましく命をつないでいたのです。私にとっては、地域の自然の特色と、そこで命を育む生き物たちの生態を実際に間近で体得することができた瞬間となりました。隣の観察槽で飼育していたアメリカザリガニもやはり氷の下でじっと春を待っていました。

　このように、理科教材のサブスク化を志向するには、ある程度失敗事例を積み重ねることも覚悟しなければなりません。と同時に、できるだけ失敗事例が少なくなるように不断の努力が求められると痛感しています。

## 6.「先用後利」という哲学を教育の現場に

　理科教材のサブスク化を展開していく上では、忘れてはならない条件があります。それは「先用後利」の哲学を取り入れることだと思っています。

　「先用後利」とは一体何か。実は、「サブスク」に似たシステムは古くからありました。富山の薬売りに見られる売薬システムです。"売薬さん"は、常備薬の入った薬箱を各家庭に配置して使用してもらい、約半年から一年後に再度訪問して、使用されていた分だけ代金を頂戴するのです。先に顧客の役に立ち、後で利益を頂戴する、ということなのでしょう。特にお願いされなくても、使わずに古くなってしまった薬を交換したり、新しい薬を補充したりすることもあったそうです。それが彼らの仕事そのものでした。一方、利用する側にとっては、薬の相談はもとより、不安や心配事がある時には助けになる存在でもありました。その背景には「懸場帳（かけばちょう）」をはじめとした多くの情報メモの存在がありました。そこにはお得意様一人一人の傾向や家族状況などが丹念に記載されていたと言います。これらが記録でいっぱいになれば"売薬さん"として一人前とされたそうですから、それだけ各家庭と信頼関係を築くことを大切にしていたということでしょう。

　このような「先用後利」の哲学や、多くの記録の存在は、理科教材のサブスク化を展開していく上で忘れてはならない条件の一つだと考えています。例えば、試作した教材の実際の使い勝手を検証することは大切です。もっとこうなっていたら使えそう、というメモやコメントを手掛かりにして可能な限り作り直す。そのことによって、子どもたちの学ぶ環境がより整っていく。こ

図9　"売薬さん"のモニュメント（富山駅前）

うした実践と理論の往還を大切にしたいと思っています。言うまでもなく、この場合の「先用後利」の「利」は、経済的な利益ではなく、子ども一人ひとりの成長を指します。

　理科教材の開発の原点を子どもたちに学びながら、これからも理科教材のサブスク化を図っていくことができたらいいなと考えています。

第3部 第7章

# 日系カナダ人強制収容所について

大 石 文 朗

## 1．はじめに

　私は、北米の社会と文化を研究対象としています。特に日系カナダ人に関するテーマでここ数年間いくつかの論文を執筆しました。その際、実際に現地を訪問して、日系カナダ人の方々への聞き取り調査や遺物の調査などのフィールドワークを行いました。本稿では、様々な調査対象の中から、カナダに唯一残された日系カナダ人強制収容所の一部を写真で紹介したいと思います。

## 2．日系カナダ人強制収容所の現状

　1941年12月7日（現地）に旧日本軍がハワイの真珠湾を攻撃して、日本と米国の戦争は始まりました。当時カナダは米国と軍事同盟を結んでおり、日本はカナダとも戦争状態となり、米国同様、多くの日系人は複数設けられた強制収容所に送られることになりました。戦後約70年が経ち、現在一か所だけが博物館として当時の様子を伝えるために残されています。その日系カナダ人強制収容所は、ブリティッシュ・コロンビア州ニューデンバー市（New Denver）に在りますが、複数あった強制収容所の内ここだけが残ったのはいくつかの理由があります。その中でも一番大きな理由は、結核患者用の療養所が付設されていたからだと思います。たび重なる強制移動と移動先での劣悪な環境のため、日系カナダ人は結核になる割合が他のカナダ人よりも高く、そのために療養所が付設されました。戦後もニューデンバー市の強制収容所だけは、結核患者

のために収容施設の使用が認められました。それ以外の強制収容所はことごとく閉鎖され、当時の日系カナダ人は、自らの住まいを新たに見つけることが強いられました。

現在、このニューデンバー市に在る唯一残った強制収容所の一部が、日系収容メモリアル・センターとして、当時実際に収容された日系カナダ人の関係者が中心となって運営されています。

## 3. 日系収容メモリアル・センターの紹介

New Denver 市はロッキー山脈麓に位置します[1]

現在の New Denver 市の街並み[2]

185

センターの入り口

1946年当時の強制収容小屋の様子[3]

現存された強制収容小屋

当時のまま残された部屋の内部

1942年2月7日付けの強制移動の通達

一時的に収容された仮収容施設の様子

日系カナダ人強制収容所について

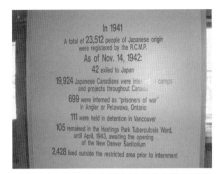
開戦により日系カナダ人がどのような処遇を受けたかの内訳。抵抗した人々は刑務所に収監されました

当初、木造の収容小屋は無かったのでこのテントが使用されました

極寒の中、テントは雪で押しつぶされ、過酷な生活を強いられました

子ども達の学習机。一般社会からの隔離が子ども達の学習を遅らせました

収容施設内での各行事で使用された道具。日本の伝統行事を大切にしていました

当時の盆踊りの様子[4]

戦後の散在政策により、日系カナダ人は一時期居住区が制限されました

かつての収容地区は、現在、閑静な住宅街になっており、当時の日系人の過酷な生活を物語るのはセンターだけです

## 4．おわりに

　日系カナダ人にとって先の大戦（太平洋戦争）は悪夢でした。特に日系二世はカナダで生まれたにもかかわらず、カナダ人としてのアイデンティティを当時の政府から全否定されました。終戦後も一時期、日系カナダ人は散在政策のもと居住地域も制限されました。これらの不当な扱いに対する戦後補償運動の末、1988年にやっとカナダ政府は日系カナダ人に対する扱いは間違っていたとして謝罪文と補償金を渡しました。実に40年以上もの月日を要したことになります。

　なお現在、この日系収容メモリアル・センターへは、地元ばかりではなく隣国の米国からも多くの小学生、中学生、高校生が学校の平和教育の一環として訪れています。

（注）
1) British Columbia Magazine: Winter Special Issue より抜粋して、New Denver 市と Rocky Mountains の地図上の印は筆者が付けた。
2) Doy Lyon の撮影した航空写真より筆者が一部を切り取り掲載した。
3) Medical Aspects of Evacuation Days 1942-1946 (New Denver-Slocan) J. & G. Brighton, New Denver, B. C., p. 19. より抜粋。
4) 前掲書3)、35頁より抜粋。

# 第4部

# 教育学部の教員が研究していること

第4部　第1章

# 道徳教育の現状と道徳の教科化、「特別の教科　道徳」の今後のあり方
## 〜学習指導要領の改訂を通して〜

征矢野　達彦

## 1．はじめに

　初等、中等教育において道徳教育が教科化され、教科書も準備されるという状況が出てきた中で、これまで道徳教育に携わってきた教師達が今後どのような対応をすべきか、これから教員を目指す学生達に向けてどのような指導を行うべきか、探求すべき課題は多い。

　道徳の教科化が進んだ背景の一つには、学校現場での対応が追いついていないように見える「いじめ問題」などがある。その背景には、子ども一人一人のこころの問題だけでは律しきれない、家庭の問題を含む社会的な課題も複雑に絡んできていると思われる。しかし、道徳の教科化導入の経緯からして、「特別の教科　道徳」によって、こうした課題の解決ができると期待されてもいるだろう。

　このような視点からも、教科化された道徳の授業を充実させ、子ども達の成長に資する内容にまで高めることが出来るかどうかが、今後を方向付けるであろう。

　本稿では、まず次章で道徳教育の教科化への動きを振り返り、次に3章で長野県道徳教育学会がこれまでどのように初等・中等の道徳教育に取り組んで来たかを、具体例を交えてまとめる。その後4章では、これからの道徳教育について、どのような内容やそれを現実化するための教育手法が求められるのかについて考察する。最後に全体をまとめ、今後の方向性に言及する。その後、謝辞を述べ、参考文献をリストアップする。

## ２．道徳教育　教科化への動き

　教科化への動きを、教育再生会議や中央教育審議会の活動を中心にして、その概要を次頁表１にまとめている。

### ２．１　教育再生会議、中央教育審議会

　2006（平成18年）10月10日に、二十一世紀にふさわしい教育体制を構築し、教育の再生を図っていくとの目的で、第一次安倍内閣に設置された教育再生会議がある。2007（平成19年）６月１日の第二次の報告書には、「徳育を教科化し、現在の『道徳の時間』よりも指導内容、教材を充実させる」の文言が急に発表され、物議を醸し始めた。第三次の報告では、さらに踏み込んで「徳育を『教科』とし、感動を与える教科書を作る」[3] とある。さらに、「徳育を『新たな枠組み』により教科化し、年間を通じて指導する」[3] と続く。しかし、中央教育審議会は、道徳教育に検定教科書を指定したり、成績をつけたりすることはなじまないと判断し、実現には至らなかった。

　そして、第二次安倍内閣の教育再生実行会議では、2013（平成25年）２月26日の第一次提言において、いじめ問題等への対応に向けて、道徳教育の充実を掲げ、６年前に実現しなかった前掲の「道徳の時間」を教科化することを再度提案するに至った[4]。この提言を受けて、教育界はもちろん、子どもの健全育成に関わる団体や行政でも、「道徳の教科化」が話題になった。賛成・反対、あるいは慎重論もでていた。それぞれの主張に基づいて、議論が進むのはいいことだが、まだ十分議論が煮詰まらないうちに、結論を急ごうという傾向も見えてきた。

　2013（平成25年）12月26日、文部科学省の有識者会議「道徳教育の充実に関する懇談会」では、「今後の道徳教育の改善・充実方策について」[5] という報告書をまとめ、下村博文文科大臣に提出した。報告書には、小・中学校の「道徳の時間」を正式の教科として位置づけるように提言している[5]。

表1　道徳教育　教科化への軌跡

2006（平成18）年10月10日、第一次安倍内閣で教育再生会議設置。
　　　　　　　　二十一世紀にふさわしい教育体制を構築し、教育の再生を図る目的
2006（平成18）年12月15日に、教育基本法が改正される。
　　　　　　　　教育の目的を「人格の完成」として強調。
2007（平成19）年6月1日、教育再生会議の第二次報告書発表。
　　　　　　　　「徳育を教科化し、現在の『道徳の時間』よりも指導内容、教材を充実させる」
　　　　　　　　三次の報告では、さらに踏み込み「徳育を『教科』とし、感動を与える教科書を作る」とし、「徳育を『新たな枠組み』により教科化し、年間を通じて指導する」と続く。
　　　　　　　　しかし、中央教育審議会は、検定教科書や成績をつけることはなじまないと判断し、実現には至らなかった。
2008（平成20）年3月28日、新学習指導要領を告示。改正の目玉は「道徳教育の充実」。
2013（平成25）年2月26日、第二次安倍内閣の教育再生実行会議の第一次提言で、いじめ問題等への対応等で「道徳の時間」を教科化することを再度提案。
2013（平成25）年12月26日、文部科学省の有識者会議「道徳教育の充実に関する懇談会」から「今後の道徳教育の改善・充実方策について」という報告書。小中学校の「道徳の時間」を正式の教科として位置づけるように提言。
2014（平成26）年10月21日、中央教育審議会「道徳に係る教育課程の改善等について」を答申。道徳の時間について「特別の教科道徳」として制度上位置付け。
2015（平成27）年3月27日に、学校教育法施行規則の改正。小学校・中学校・特別支援校の学習指導要領の一部改正の告示が公示。
2015（平成27）年4月1日、改正学習指導要領は実施可能となる。
2018（平成30）年4月1日から、小学校にて全面実施
2019（平成31）年4月1日から、中学校にて全面実施

## 2．2　「特別の教科　道徳」の全面実施へ

　前掲の有識者会議の提言もあって、2014（平成26年）10月21日の中央教育審議会の「道徳に係る教育課程の改善等について」の答申で、道徳の時間について「特別の教科　道徳」として制度上位置付けられた。

　道徳教育の抜本的な改善に向けて、学習指導要領の道徳教育の目標、内容の明確化・体系化を図るとされ、「指導方法の工夫」「生徒の評価の在り方」「検定教科書の導入」「教員の指導力向上方策」「学校と家庭や地域との連携強化の在り方」など、道徳教育の改善・充実に向けて必要な事項が示された[6]。

　それを受けて、2015（平成27年）3月27日に、学校教育法施行規則の改正があり、小学校・中学校・特別支援校の学習指導要領の一部改正の告示が公示された。この中で「特別の教科　道徳」の目標は、『よりよく生きるための基盤となる道徳性を養うため、道徳的諸価値についての理解を基に、自己を見つめ、物事を（広い視野から）多面的・多角的に考え、自己の生き方（人間としての生き方）についての考えを深める学習を通して、道徳的な判断力、心情、実践意欲と態度を育てる』（括弧は中学校）[7]である。この改正学習指導要領は、2015（平成27年）4月1日より実施可能となり、小学校は、2018（平成30年）4月1日から、中学校は、2019（平成31年）4月1日から全面実施されることになる。


# 3．長野県道徳教育学会の対応

　筆者が現在長野県道徳教育学会の副会長の任にあるということから、こうした動きに対して学会がどのような対応をとろうとしてきたのかを概観しておく。


## 3．1　新学習指導要領に対応した要としての「道徳の時間」

　2008（平成20年）3月28日に告示された新学習指導要領の目玉はなんといっても「道徳教育の充実」である。これを契機に、長野県道徳教育学会は、今まで40年にもわたって取り組んできた成果や課題をふまえ、

今後を見通して、道徳教育全体のあり方を押さえつつ、「道徳の時間」について実践的に研究し、深めあう集団として、事業を見直し、子ども達が人間として正しく逞しく生きようとする力を育てるための活動を追求した。そこで、「道徳の時間」を真に有効な時間とするために、何をしていかなければならないのかを、問い直すところから始めた。

もとより「道徳の時間」は、望ましい行為ができ、人間らしく生きる「道徳性」を養うことを目標にしている。それは人格形成にかかわる大事な部分である。2006（平成18年）12月15日に改正された教育基本法では、教育の目的を「人格の完成」として強調している。その人格を形成する最もベースになるのが、道徳性だといってもいい。その道徳性を、学校教育の中で、計画的・発展的に指導するのが道徳教育である。

そこで学会では、教科・各領域との関連を図りながら、道徳性の育成を根幹にすえて、幅広く学校の教育課程全体の中で、恒常的・意図的に「価値の自覚」にかかわる活動や授業を進めていく必要があると考えたのである。

新学習指導要領では、道徳教育は「道徳の時間」を要として、学校の教育活動全体を通じて行うものであることを、従来の学習指導要領よりさらに明確に示している。要としての「道徳の時間」に、ねらいや道徳的価値の様相に角度づけた授業を進めていくのはもちろんだが、2008（平成20）年度の長野県道徳教育学会のテーマ「喜びを持って、自らの生き方を求めていく」にあるように、価値の自覚につながる満足感のある授業や、活動との連携指導を工夫し、生き方につながる授業を創っていくことを求めたのである。


## 3．2　新学習指導要領に対応した道徳教育の実践に向けて

松本地区において、いくつかの道徳の授業を参観した。

### （a）松本市M中学校の例　―内容項目2の⑥「感謝」―

松本市のM中学校では、新学習指導要領の改訂で新たに付け加えられた内容項目2の⑥「感謝」を取り上げ、三年生の授業を公開した（資料1参照）。生徒の実態にそった自作資料だったこともあり、登場人物に寄

せて、自分の体験を語る場面が続いた。自分の体験や行為に基づいて語ることで、自分自身の生き方を見つめ直し、価値の自覚を深めることになったと思っている。友に支えられて生きていることの実感が、感謝につながっている。3年生の開かれたクラスに、発達に応じた考えの深さがある授業となった。普段からの継続的な道徳の授業の成果と、担任と生徒の信頼関係を感じさせた。

（b）学会での夏期研修会の開催　—話し合い—

実は、この授業に至るまでに、松本市周辺の道徳教育学会の有志で、夏休みに泊まりの夏期研修会を行っていた。資料分析を通しての話し合いでは、前述のM中学校の先生から、指導内容にあわせて、授業の構想を複数提案していただいた。新しく指導内容に加わる「感謝」の扱いから、生徒の心を揺さぶる資料の可能性、教材化を検討した。

また、A中学校の先生からは、指導内容2の③「友情の尊さ」についての指導案が提示され、主眼に沿って、資料分析と展開の検討をした。資料分析や資料の扱い、中心発問、展開等を考えあう中で見えてくるものがある。迷いも出る。必ずしも結論が出るわけではないが、授業者にとって、少しでも参考になる方向が出てくることが重要である。

泊まりの研修会は、時間にとらわれず、自由に話し合える点に意義がある。少なからず道徳教育に関心がある仲間が、個々の課題や悩みを出し合い、積極的に関わり合う中で、仲間の支えや励まし、貴重な意見があって、一歩が踏み出せる。共同で研究しあう時間の良さは、教師としての内的成長を含め、人とのつながりにある。これも「道徳の時間」の充実につながる大事なものである。

こうした研修の成果が、前述のM中学での公開授業の自作資料となっていた。

（c）学会での夏期研修会の開催　—学び合い—

研修会では、吉岡正幸先生の「子どもと道徳」の読み合わせもした。吉岡先生は、同著の中で、「道徳の指導は、子どもたちの道徳的自覚を深めることにある。道徳性を深化させることにある。道徳の時間における指導は、その道徳性（道徳的な態度・道徳の実施を可能にする性向・能

力）を深化させようとするところに直接の目的がある。」[1] と述べている。また「子どもの道徳性に注目し、道徳にどのように対するか、道徳をどのように受け止めるか、その瞬間に焦点をあて、道徳の指導を考える。道徳の指導の根本は、そこからであり、そこへである。」[2] との考えを基礎に置いている。その具体的な実践の中身についても学ぶべき点がたくさんある。

### 3. 3 「道徳の時間」の改善に向けた学会での活動

　道徳の時間の目標は、道徳的実践力を育成することにある。道徳的価値の自覚を深めることに加え、自己の生き方についての考えを深めることも、2008（平成20年）3月28日に改訂された新学習指導要領の中にある。具体的には、自分の生活を見つめ、自分自身を知り、課題に気づき、自己の成長を実感させる展開を考えていくことである。それには、何よりも道徳の時間を確実に行うことを前提にし、教科等で行う道徳教育と関連させ、統合・深化する時間でありたい。

　不易と流行は、「道徳の時間」の中にもある。先輩の先生方の実践の不変なものに学びながら、「楽しい道徳の授業」を目指して、いろんな進め方・深め方をみんなで考え合い、試行錯誤していくこともいい。また、長野県道徳教育学会の進める研究の機会を活用して、内容理解を深めたり、生徒の実態にあった資料の選択や開発に努めていく必要もある。県下の各支部でも、同好の仲間を増やし、道徳教育の果たす意味を改めて認識し合い、お互いに力量を高めあっていきたい。さらに長野県道徳教育学会の一員として、支部の活動を通して、本学会の発展にも努めていきたい。

## 4. これからの道徳教育を目指して

　これまで、文部行政の側からの動き、長野県道徳教育学会の対応などをみてきたが、この章では、道徳教育が教科化されたことに伴って、今後どのように対応すべきであるかについて言及する。

## 4．1　今の道徳教育で、何が課題なのか

「道徳教育の充実に関する懇談会」の「今の道徳教育の改善・充実方策について（報告）」2013（平成25年）12月26日では、「教科化」に向けた今の道徳教育の課題が次のようにまとめられている（次表2参照）。

表2　道徳教育の充実に関する懇談会報告にみる道徳教育の課題

・歴史的経緯に影響され、道徳教育そのものを忌避しがちな風潮がある。
・道徳教育の目指す理念が共有されていない。
・教員の指導力が十分でなく、道徳の時間に何を学んだかはっきりしない。
・他教科に比べて軽んじられ、他の教科に振り替えられやすい[5]。

また、一部には「現在の道徳教育は機能していない」と言いきる人もいるとの指摘もある。換言すれば、「先生方は道徳の指導力があまりなく、年間35時間の道徳の授業をきちんとやっていない」ということだ。「その結果として、いじめは起こり、子どもの心は十分育っていない」との見解が見える。道徳教育の現状をこのように認識し、抜本的な改善策として、「特別な教科」として位置づけることが適当であるとしたのだ。

## 4．2　教科にした時の問題点は何か

制度上から見ると、教科にするには学習指導要領の改訂の問題がある。さらに学校教育法施行規則の改正も関わってくる。

なおかつ、教科書・評価の問題がついてくる。教科化で検定教科書を使うことに対して、「価値観の押しつけだ」と反対する人もいる。子どもの価値観の育成に関わる道徳について、検定教科書の基準はどうなるのであろうか。今まで、道徳の指導内容と学級の子どもの実態から、工夫して授業を組み立ててきた自由度はどうなってしまうのだろうか。他領域との関連指導で成果を上げてきた実践は、国のチェックを受けた教科書に左右されかねない。教科書に沿って「教材を教える」授業をしていればいいというのは道徳の授業ではない。検定基準そのものに、国の発想や思惑が入り、教科書としての中立性は保てるのだろうか。

学習評価に関わっては、5段階の数値によるものではなく、子どもの意欲や可能性を引き出す記述式にするよう、先の「道徳教育の充実に関する懇談会」の「今の道徳教育の改善・充実方策について（報告）」2013（平成25年）12月26日では、求めている[5]。これは当然のことだ。人格形成に関わる心の育成に、数値による評価はなじまない。教科化に伴う道徳の学習評価は、かなり重要な課題である。道徳の時間の授業によって、子どもが道徳的価値の自覚について、どのように変容したのかの記述と、子ども自身による自己評価を大事にしたい。いずれにしても、教科化により学習評価に関わる教員の負担は、増すことになる。子どもの心の内面の評価をしなければならないが、難しいため目に見える子どもの行動を重視することにもなり、教員の前だけいい子になる子どもが育たないのか。とにかく価値観の伴う評価は難しい。

## 4．3　これからの道徳教育　―教師の指導力強化―

　道徳教育の大切さを認識し、実践を進めている長野県道徳教育学会は、国の教科化の動きの中で、その変化を見据えて、我々ができることは何かを考え、「人間としてよりよく生きる力を育む」道徳教育を研究していくことが焦眉の課題となる。

　道徳教育が、人格を育む学校教育の基盤であるとすれば、「道徳教育の全体計画」や「道徳の時間の年間計画」を見直し、実効ある計画にしていく努力が必要となる。また、長野県道徳教育学会の平成26年度の研究テーマである「道徳的実践力の育成」に関わって、内面的資質の高まりをどう手助けしていくのか。道徳教育に関する理解や道徳教育研究の充実、道徳の時間の指導方法のあり方を工夫・改善し、今まで本会が研究してきたことに自信を持って、教師の指導力のアップを図っていきたい。

　今回の「教科化」をきっかけに、長野県の各校で道徳教育の重要さを再確認し、「道徳的価値の自覚」を目的とする指導法の質的充実が求められる。これを現場で担う現役教師陣やこれから教職に就こうと学んでいる学生達の、この分野での実力養成が大きな課題となってくることは間

違いない。

## 4．4　道徳教育の抜本的改善・充実

　道徳科に検定教科書を導入することに向け、具体的な改善ポイントがいくつかある。内容について、①いじめの問題への対応の充実や発達の段階を一層踏まえた体系的なものにすること。②「個性の伸長」「相互理解、寛容」「公正、公平、社会正義」「国際理解、国際親善」「よりよく生きる喜び」の内容項目が、小学校に追加されたこと。③問題解決的な学習や体験的な学習などを取り入れ、指導方法の工夫を図ること。④評価は、数値評価ではなく、児童生徒の道徳性に係る成長の様子を把握して行うこと[8]。

　これらの改善によって、発達の段階に応じて、答えが一つではない道徳的な課題に対して、一人一人の児童・生徒が自分自身の問題としてとらえ、向き合い「考える道徳」「議論する道徳」への転換を図っている[8]。日々の着実な実践により、児童・生徒の道徳性を育成しようというのだ。

　松本大学で「道徳の指導法」を受講している教職を目指す学生に、小・中学校で受けた道徳の授業で、心に残っている授業を書いてもらったところ、40名中4分の3の学生は、心に残っている授業はなかったという。4分の1の学生は記入し、印象に残っている題材は、「いじめ」に関わる内容が多かった。いかに自分と関わって真剣に考えたかが想像できる。しかし、9年間も道徳の学習をしてきたのに、多くの学生が心に残っていなかったということに愕然とした。

　この道徳の教科化の今、「道徳教育とは何か」もう一度、真剣に考えてみなければならない。教育基本法には、教育の目的を「人格の完成を目指す」とある。人格の基盤になるものに道徳性がある。道徳教育は、その道徳性を育てることを目的とする。つまり、自己を見つめ、人間としての生き方を考えることである。自己を見返し、自己との対話を通して、人間としてのあるべき自分の生き方を考えることである。道徳的価値をフィルターにして自己を見つめ、これからの自分自身を育てようとする

意欲や態度を持つことだと考える。これは今までも、今後も変わらないことだろう。

## 5．おわりに　―待ち遠しい道徳の授業に―

「特別な教科　道徳」となっても、「道徳の時間」の本質部分は変わったわけではない。道徳教育の目的を踏まえた効果的な指導を、一層確実に展開していきたい。今までのように、登場人物の心情理解中心になりがちだった指導ではなく、児童・生徒が、また教師が、「心待ちにする道徳の授業」ができれば、道徳の授業が本来の目的に沿った真に生きたものになる。そのためには、どうすればいいのだろうか？

### 5．1　考える授業、議論する授業への転換　―他者との関わりの中で―

今回の道徳教育の改善のキーワード「考える授業」「議論する授業」を基本とすれば、道徳の授業の実施に関わって、我々の意識改革が必要になってくる。目の前の担任している児童・生徒の未来を考え、自分自身の人生を切り開いていく「生きる力」につながる力を育てていかなければいけない。また、「自立した一人の人間として、他者とともによりよく生きる人格を形成することを目指す」（道徳教育の充実に関する懇談会　平成25年12月10日）にあるように、自分のことだけでなく、他者との関わりの中で考える視点も必要になってくる。そのためにまず「問題解決的な学習」を考えることも必要である。学習課題に対して相手の立場に立って、自分との関わりの中で考えるために、ロールプレイや他領域の体験的な活動を生かすのも有効的だ。その学習過程で人間としてどう生きるかを「考える」ことにつながる。このようなPBL型のアクティブラーニングを取り入れた教育手法の開発も有効な充実策になるだろうと考えられる。そのためにも、これから教師を目指す学生達も、大学生時代にこうした手法で学び、技能を磨く必要があると思われる。

道徳教育の現状と道徳の教科化、「特別の教科　道徳」の今後のあり方

## ５．２　求められる道徳教育に携わる先生方の努力

　道徳教育が、大きな変換点を迎えている今、個人だけでなく、長野県の各郡市の同好会や委員会で、自校の「道徳教育の全体計画」や「道徳科の年間計画」「各教科・他領域との連携指導」「道徳科の評価のあり方」の見直し・検討が急務となる。道徳教育学会をはじめ、道徳教育を何とかしたいと思う先生方で知恵を出し合って議論し、どう指導することが、「人間としてよりよく生きる力を育む」道徳教育につながるのか、研究課題は多い。道徳の授業と関連する「特別活動」「総合的な学習の時間」「各教科」など、獲得した道徳的価値と実践や具体的行為とのつながり、また、地域や保護者を巻き込んだ道徳教育の推進も大きな課題である。地域や保護者を巻き込むという視点では、県教育委員会が主導する信州型コミュニティスクールの活性化という課題とも結びついており、道徳の分野においても、こうした方向を加速して行ければと考えている。

　他領域との関連指導で、計画的に継続的に力をつけていくのは大事であるが、そのために本来の「授業のねらい」が曖昧になってはいけない。押さえるべき「道徳的価値」と、「主眼を明確にした実践」を持ち寄りたい。その実践をもとにした長野県道徳教育学会の各支部の研究会の開催が、一人一人の先生方の力を高めることになる。長野県道徳教育学会の研究会や実践研究授業をはじめ様々な活動を通して、道徳教育に関する理解や道徳教育研究の充実、道徳科の指導方法の工夫、実践、研究が盛んになり、子ども達の成長に寄与できればと考える。


＜謝辞＞

　本講に目を通していただき、貴重なアドバイスを下さった住吉廣行学長に感謝いたします。原稿の遅れにも関わらず、辛抱強く入稿を待って下さった、柄山敏子さんにもお礼を申し上げます。

**文献**

１）子どもと道徳　―「道徳」の指導―　吉岡正幸著　信教出版部（1992）P 4

2）子どもと道徳 —「道徳」の指導— 吉岡正幸著 信教出版部（1992）P 5 ～ 6
3）第一次安倍内閣の教育再生会議第二次報告書 2007 6月1日
4）第二次安倍内閣の教育再生実行会議第一次提言 2013 2月26日
5）文部科学省有識者会議「道徳教育の充実に関する懇談会」報告書, 2013 12月
　26日
6）中央教育審議会答申 2014 10月21日
7）一部改正された学習指導要領 2015 3月27日
8）文部科学省資料「道徳教育の抜本的改善・充実」 2015 3月
9）文部科学省有識者会議「道徳教育の充実に関する懇談会」報告書, 2013 12月
　26日

この原稿は、松本大学研究紀要第14号掲載論文の再録です。

第4部 第2章
# 小学6年生版集団式潜在連想テストの試作と実践

秋田　真

共著者／對馬秀孔・齋藤敏一・守一雄

## Ⅰ．はじめに

　種々の社会問題に対する態度の調査にはアンケートが使われることが多いが、アンケートには回答者の意識的・無意識的歪みが入り込む余地があることが問題とされている。アメリカの社会心理学者グルーンワルドら（Greenwald, McGhee, & Schwartz, 1998）[1]は、社会的態度の測定のための新しい手法として、認知心理学におけるプライミング効果を応用した「潜在連想テスト（Implicit Association Test: IAT）」を開発した。潜在連想テストは、被調査者に2つの分類課題を組み合わせたものを課し、課題遂行に要する反応時間をパソコン上で計測する。最も典型的な課題の組み合わせとしては、良い意味と悪い意味の単語を提示して、「良い」「悪い」に分類させる「評価課題」と、黒人と白人の顔写真を提示して「黒人」「白人」に分類させる「人種課題」を組み合わせるものがある。ここで測定のターゲットとなるのは、被調査者が普段から黒人や白人に対してどんな潜在意識を持っているかである。潜在連想テストの基礎となるアイディアは、もし被調査者が普段から黒人を良いものと考えているならば、「黒人」と「良い」を同じ分類キーにした課題の組み合わせ（この場合、「白人」と「悪い」が別の同じ分類キーとなる）の方が、わずかながら速く反応ができるはずだということである。そこで、各キー押し反応をミリ秒単位で計測し、「黒人／良い」「白人／悪い」の組み合わせ課題と「黒人／悪い」「白人／良い」の組み合わせ課題との反応時間の平均を比較することで、黒人に対する潜在的態度が計測できると

いうわけである。潜在連想テストは、その有用性がすぐに高く評価され、社会的態度測定に幅広く活用されるようになった[2]。

しかし、この潜在連想テストを学校などで用いようとすると、児童生徒の一人一人にパソコンが使える環境が必要となるため、現実には活用が難しい。そこで、守ら[3] は、潜在連想テストの基本的な原理を応用しながら、紙と鉛筆だけで実施ができ、かつ集団で一斉に実施できるような集団式潜在連想テストを開発し、FUMIE テストと名付けた。FUMIE テストでは、良い意味と悪い意味の単語を○と×で分類する「評価課題」の中に、評価のターゲットとなる概念（「ターゲット語」）がランダムに挿入されている。標準的な FUMIE テスト用紙（Ａ３サイズ横置き）には、評価課題のための評価語とターゲット語が横１行に合わせて60 語並んだものが13行印刷されている。そのうちの １行目には評価語のみが並んでおり、これを評価分類課題の練習として用いる。次の行からはターゲット語がランダムに挿入されていて、そのターゲット語に○をつける課題（○課題）と×をつける課題（×課題）を交互に３行分ずつ実施することになる。

FUMIE テストでは、被調査者がどれだけ速く反応したかを反応ごとに計測する代わりに、一定時間（標準的には20秒間）内にどれだけ反応できたかを調べる。遂行時間を反応数で割れば、各反応に要した時間が求まるからである。この計測方式を用いることの利点は、集団での一斉実施が可能になることである。個々の反応時間を計測する方式では、各被調査者の反応時間を個別に計測しなければならない。だからこそ、それぞれにパソコンが必要となるわけである。一方、「一定時間内の遂行数を計測する」方式なら、被調査者が何人であっても一度に実施できる。

FUMIE テストを集団で一斉に実施できることは、特に学校などでは重要な利点となる。内田・守（2018）[4] は、「数学」をターゲット語にした FUMIE テストを中学１年生に実施し、同時に実施した数学の好き嫌いアンケート調査結果と比較してみた。その結果、アンケートには「数学が嫌い」と回答している生徒の中に、FUMIE テストでは「数学」に対して肯定的な潜在的態度である生徒がいることを見つけ出した。内

田・守によれば、こうした「偽装数学嫌い」の生徒は中学生の約2割にも達することがわかった。この研究例のように、FUMIEテストはアンケート調査と組み合わせることで、今までは生徒の意識的な回答だけでしか知りえなかった問題について、生徒の潜在意識の面からも探ることができるようになったわけである。こうした活用を考えるとき、FUMIEテストがアンケートと同様に、クラスで用紙を配布し一斉に実施できるという利点が特に重要であることがわかる。内田・守（2018）[4]には、学校教育現場におけるFUMIEテストの活用例が数多く紹介されている。

現行のFUMIEテストは、守ら[3]が中学1年生を用いて評価語の選定をしたものが「標準版」とされている。例えば、評価語として用いられている「幸福／不幸」「平和／戦争」などの単語対は、中学生以上の年齢の被調査には、即座に「良い意味」か「悪い意味」かの分類ができるものであることが確認されている。しかし、FUMIEテストを小学生に実施しようとした場合には、こうした評価語が被調査者の小学生に分類できないことが予想される。そのため、内田・守（2018）[4]にも、小学生を対象としたFUMIEテストの実施例は紹介されていない。それでも、FUMIEテストの元となった潜在連想テストでは、種々の工夫をすることで小学生向けに改変したものが開発されてきている。そこで、小学生にも使えるような小学生版のFUMIEテストを試作することを本研究の目的とした。

本報告では、現行のFUMIEテストで用いられている評価語が小学6年生にどの程度熟知されているかを調べ、その結果に基づいて作成した「小学6年生版FUMIEテスト」について報告する。さらに、その「小学6年生版FUMIEテスト」について、「女性」をターゲット語として小学6年生に対して実施した結果の一部を紹介する。最後に、「まとめ」として今後の小学校中低学年向けのFUMIEテストの開発について、可能性と課題を述べる。

表1　現行の FUMIE テストに用いられている16対の評価語

| | | | | | | | |
|---|---|---|---|---|---|---|---|
| 平和 | 戦争 | 満足 | 不満 | 勝利 | 敗北 | 幸福 | 不幸 |
| 上品 | 下品 | 最高 | 最低 | 安心 | 不安 | 清潔 | 不潔 |
| 貯金 | 借金 | 当選 | 落選 | 長所 | 短所 | 天使 | 悪魔 |
| 安全 | 危険 | 希望 | 絶望 | 平等 | 差別 | 健康 | 病気 |

## Ⅱ．小学6年生での評価語の熟知度の測定

### 1．熟知度測定の方針と手順の概要

　中学1年生の熟知度調査に基づいて作成された現行の FUMIE テスト
を改訂し，小学6年生にも使える「小学6年生版 FUMIE テスト」を試
作することとした。そのためには，評価語として用いる単語の選定を改
めてやり直す必要があるが，ここでは小学6年生と中学1年生の連続性
を考慮して，評価語をすべて選び直す代わりに，現行の評価語が小学6
年生でもどの程度理解できるのかを調べることにした。

　現行の FUMIE テストには表1に示すような16対の単語が評価語とし
て用いられている。守ら[3]によれば，これらの評価語はまず30対の漢字
2語熟語を選び，それを中学1年生40名に示して，良い意味か悪い意味
かに分類をさせ，40名全員が正しく分類できたものを選んだとされてい
る。そこで，これと同じ手順を踏むとすれば，まず小学6年生でも知っ
ていると思われる単語から30対を選び，それを実際に小学6年生40名程
度に分類させ，その中から正しく分類できたものを選定すればよいこと
になる。

　しかし，ここでは最初の30対の選出を省略し，すでに使われている16
対の単語から，小学校で学習する漢字を使用している単語について，そ
れぞれが良い意味であるか悪い意味であるかを知っているかどうかを調
べることにした。また，単語の意味をよく知らないままに「良い」か「悪
い」かにデタラメに分類してしまうことのないように，「わからない／知
らない」という選択肢も用意した。

## 2．熟知度測定の実際

1）調査対象者　熟知度調査には、共著者が所属する弘前大学教育学部
　附属小学6年生58名（男子29名、女子29名；年齢11－12歳）が参加し
　た。
2）アンケート用紙　調査には、現行のFUMIEテストに使われている
　表1に示す16対のうち、明らかに小学生には難しいと思われる「貯金
　／借金」「当選／落選」「天使／悪魔」「安全」「差別」を削除した。こ
　れら24語に、新たに「上手／下手」「幸運／不運」と「正解」「災害」
　を加えた30語を資料1のように個別に提示した。
3）調査実施手順　共著者の1人が、上記「調査用紙」を児童に配布し、
　約10分間程度の時間で、それぞれの単語の意味を「良い意味」「悪い意
　味」「わからない／知らない」の3択で回答させた。

## 3．熟知度測定の結果

　調査結果は、表2のようになった。守ら[3]では、中学1年生40名全員
が正しく判断できた単語を選んだが、今回の小学6年生では、58名全員
が熟知していたと判断できた単語は一つもなかった。また、
　「良い意味」の単語はすべて8割以上の児童に「良い」と正しく判断さ
れたが、「悪い意味」の単語では正しい判断が6割に達しないものがある
など、「悪い意味」の単語の熟知度が特に低い傾向が見られた。

# Ⅲ．小学6年生版 FUMIE テスト

## 1．評価語の選定と配置

　上記の調査で、正しく分類されなかったり、知らないと回答されたり
した度数の多かった単語を除き、評価語とすることにした。ただし、現
行の FUMIE テストでは評価語は良い意味と悪い意味とが対になるよう
選択されているが、調査の結果、対のどちらかだけが不適となることが
わかったため、対になることにこだわらず、良い意味の単語と悪い意味
の単語をそれぞれ10語ずつ（表2ではゴチック体で示した）評価語とし

表2　小学6年生での評価語の熟知度調査の結果
（被調査者58名のうちの回答者数）ゴチック体で示す単語を
評価語として採用

| 評価語 | 良い意味 | 悪い意味 | わからない |
|---|---|---|---|
| **幸福** | 57 | 0 | 1 |
| **健康** | 57 | 0 | 1 |
| **勝利** | 57 | 0 | 1 |
| **清潔** | 57 | 1 | 0 |
| **最高** | 56 | 1 | 1 |
| **安心** | 56 | 2 | 0 |
| **平和** | 55 | 1 | 2 |
| **上手** | 55 | 1 | 2 |
| **希望** | 54 | 1 | 3 |
| **上品** | 54 | 1 | 3 |
| **幸運** | 54 | 1 | 3 |
| 満足 | 52 | 1 | 5 |
| 長所 | 52 | 1 | 5 |
| 正解 | 52 | 0 | 6 |
| 平等 | 49 | 4 | 5 |
| 短所 | 8 | 35 | 15 |
| 下手 | 5 | 35 | 18 |
| 敗北 | 5 | 40 | 13 |
| 不安 | 2 | 43 | 13 |
| 不満 | 2 | 49 | 7 |
| **絶望** | 3 | 51 | 4 |
| **災難** | 3 | 51 | 4 |
| **不運** | 2 | 54 | 2 |
| **最低** | 2 | 54 | 2 |
| **不幸** | 2 | 54 | 2 |
| **病気** | 2 | 54 | 2 |
| **危険** | 1 | 55 | 2 |
| **不潔** | 1 | 55 | 2 |
| **下品** | 0 | 56 | 2 |
| **戦争** | 1 | 57 | 0 |

て選定した。

　選ばれた評価語は、現行の FUMIE テストの評価語の位置にそのまま配置した。具体的には、不適とされなかった評価語はそのまま残し、不適とされた評価語を同じ評価の他の単語と適宜入れ替えた。

## ２．小学 6 年生版 FUMIE テスト

　最終的な「小学 6 年生版 FUMIE テスト」は、資料 2 のようになった。テスト用紙には小学生にもわかりやすい表現として「○ × テスト」というタイトルをつけた。教示は、現行の FUMIE テストをほぼそのまま用いた。実施にあたっては、口頭で教示を与えることにするため、教示にふりがなをつけるような措置はしなかった。なお、資料 2 ではターゲット語として「女性」が使われている。

# Ⅳ．「女性」をターゲット語にした小学 6 年生版 FUMIE テストの実施

## １．実施の目的

　社会における男女差別の解消や女性の地位向上は、小学校における社会科の指導目標の 1 つでもある。そのための授業が工夫されているが、そうした授業の効果が適切に評価されているかというと残念ながらそうではない。女性問題を題材にした研究授業などでも、その授業の成否は、児童の授業内での発言の多さや授業の雰囲気の明るさなど、曖昧な指標によるものがほとんどである。

　そうした中で、授業の前後で児童の「女性」に対する潜在的態度に変化が見られたかどうかを数値で測定できる FUMIE テストは、授業の効果を客観的に検証するための最適の手法と考えられる。そこで、今回試作された「小学 6 年生版 FUMIE テスト」を共著者の一人が担当する授業の効果の測定に用いることとした。

## 2．授業の概要と FUMIE テスト実施の手順

1）授業対象児童　授業対象児童は、弘前大学教育学部附属小学6年生92名（3クラス各29−31名、男女比はほぼ半々で、合計では男子46名、女子46名；年齢11−12歳）であった。

2）授業の目的と内容の概略　小学校社会科学習指導要領（平成29年度告示）6学年2内容（1）−ア（ア）「日本国憲法は国家の理想、天皇の地位、国民としての権利及び義務など国家や国民生活の基本を定めていることや、現在の我が国の民主政治は日本国憲法の基本的な考え方に基づいていることを理解するとともに、立法、行政、司法の三権がそれぞれの役割を果たしていることを理解すること」を受け、本単元を設定した。

　本単元の具体的事例として取り扱うのは、平等権や参政権などに関わりのあるクオータ制である。ここでは政治システムにおける割り当てとして扱い、我が国においての女性議員に対するものとする。この制度は、現実問題としての男女の性差による弊害を解消していくため、政策決定の場における男女の比率に偏りがないよう一定の割り当てを確保するものである。先に述べたように、本研究では児童の女性観について、クオータ制を扱った授業の前後でその変化を検証することを目的としている。よって、FUMIE テストを授業の前後で実施した。

3）FUMIE テスト実施手順　授業開始時と授業終了時のそれぞれ5分間程度を使って、「小学6年生版 FUMIE テスト」をクラス内で一斉に実施した。実施の手続きは、内田・守（2018）[4]の「FUMIE テスト実施マニュアル」に準拠した。

## 3．実施結果の概略

　授業の前後で同じ児童に FUMIE テストを実施したが、偶発的な事態によって、事前テストあるいは事後テストがデータとして使えない児童が男児2名女児1名いることがわかった。また、性別を記入しなかった児童も1名いた。しかし、授業前後での女性に対する潜在イメージの変化を調べるという目的にはほとんど影響がないと考え、得られたデータ

のみを用いて平均値を計算したところ、結果は図1のようになった。小学6年生の男子児童は、授業前は「女性」に対する潜在的態度はほぼ中立的であったが、授業後には大きく肯定的に変化していることがわかった。女子児童は授業前から「女性」に対して潜在的に肯定的な態度を持っていて、その潜在的態度が授業後にはさらに肯定度が高まったことが確認された。なお、この調査結果の詳細は、秋田（2019）[5]として改めて報告する予定であるため、ここでは統計的な検定などの結果の詳細は省略することとした。

## V. まとめ

　本研究では、既存の中学1年生以上を対象として開発された標準的なFUMIEテストの評価語を再吟味し、その多くが小学6年生でも使えることを確認した。そして、小学6年生でも意味の判断が適切にできる評価語だけを用いた「小学6年生版FUMIEテスト」を試作し、そのテストが「女性」をターゲットにした調査で期待通りの結果を示すことを確認した。今後、この試作版が小学6年生以上を対象とした調査に活用されることを期待している。

　ただし、今回の評価語の調査にあたっては、以下の2点で注意が必要である。1つ目は、調査に参加した6年生児童は、弘前大学教育学部附属小学校の児童であることに留意しなければならないことである。文科省が実施する全国小学生学力テストなどの結果から考えて、青森県という一地方での調査であることによる偏りはほとんど問題とならないと考えるが、附属小学校の児童は一般の児童の無作為標本とは言えないことは十分留意する必要がある。本来ならば、標準的な公立小学校での調査の方が望ましいであろう。2つ目は、調査の実施時期が11月であったことである。そのため、小学6年生とはいえ、4月初めに比べ半年以上の学習が進んでいたことになる。今後、学年ごとのFUMIEテストの作成がなされるべきであるが、その際には調査の実施時期にも配慮が必要となるだろう。特に、低学年用のFUMIEテストの場合には、数ヶ月の違

いが大きな影響を及ぼす可能性も高い。

　もっとも、今回試作された「小学6年生版FUMIEテスト」を6年生になったばかりの児童に使えないのかというと必ずしもそうではない。それどころか、小学5年生程度なら十分活用可能であると考える。なぜなら、仮に被調査対象児に意味のわからない評価語

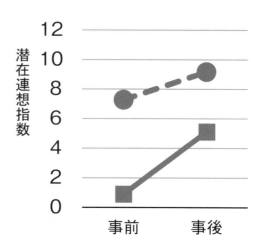

図1.「女性」に対する潜在連想指数の授業前後での変化
（■：男子児童、●：女子児童）

が含まれていたとしても、同じ評価語が「〇課題」と「×課題」の両方で使われているため、「知らない単語が混じっていることの影響」が結局は相殺されてしまうからである。それでも、より厳密な調査を行いたい場合には、今回の調査のように、対象となる児童と同学年の児童を用いて評価語の熟知度を事前に調査しておく必要があるだろう。そうした調査自体は評価語を印刷した1クラス分程度の児童に上述のような手続きで行えばいいので、そう難しいことではない。本論文での試行を参考に、小学校の教員にもFUMIEテストを活用してもらえることを期待している。

謝辞
　評価語の調査およびFUMIEテストにご協力くださった弘前大学教育学部附属小学校の児童のみなさまに感謝申し上げます。また、同校の對馬 秀孔先生と齋藤 敏一先生に、この論文作成を協力いただきました。重ねて感謝いたします。

## 文献

1 ) Greenwald, A. G., McGhee, D. E., & Schwartz, J. L. (1998) Measuring individual differences in implicit cognition: The implicit association test. Journal of Personality and Social Psychology, 74 ( 6 ), 1464. doi: 10.1037/0022-3514.74.6.1464

2 ) Nosek, B. N., Greenwald, A. G., & Banaji, M. R. (2007) The Implicit Association Test at age 7 : A methodological and conceptual review. In J. A. Bargh (Ed.), Automatic processes in social thinking and behavior (pp. 265-292). New York: Psychology Press.

3 ) Mori, K., Uchida, A., & Imada, R. (2008) A paper-format group performance test for measuring the implicit association of target concepts. Behavior Research Methods, 40 ( 2 ), 546-555. doi: 10.3758/BRM.40.2.546

4 ) 内田昭利・守一雄 (2018)『中学生の数学嫌いは本当なのか:証拠に基づく教育のススメ』北大路書房

5 ) 秋田真 (2019) 主権者教育の授業による小学校児童の潜在的女性観の変化:集団式連想テストを活用した実験研究 (執筆中)

---

この論文は、松本大学研究紀要第17号の秋田、對馬、齋藤、守論文の再録です。

資料1　評価語熟知度アンケート用紙

# 言葉のアンケート

松本大学　秋田　真

1〜30の言葉を聞いたとき，あなたは「よいイメージ」と「悪いイメージ」のどちらを感じますか？
深く考えず，ひらめきで判断して下さい。（成績に関係ありません。名前も不要です。）
下の見本を参考に（　）に〇を書いて下さい。

```
             見本→    よい         悪い
                    ┌──────────────────────┐
                    │（　）  いじめ  （ 〇 ）│
                    │     （　）            │
                    │   分からない↑知らない  │
                    └──────────────────────┘
```

|  | よい | | 悪い | |  | よい | | 悪い | |
|---|---|---|---|---|---|---|---|---|---|
| 1 | （　） | 平和 | （　） | | 16 | （　） | 短所 | （　） | |
| | | | （　） | | | | | （　） | |
| 2 | （　） | 不幸 | （　） | | 17 | （　） | 勝利 | （　） | |
| | | | （　） | | | | | （　） | |
| 3 | （　） | 戦争 | （　） | | 18 | （　） | 満足 | （　） | |
| | | | （　） | | | | | （　） | |
| 4 | （　） | 危険 | （　） | | 19 | （　） | 幸運 | （　） | |
| | | | （　） | | | | | （　） | |
| 5 | （　） | 平等 | （　） | | 20 | （　） | 不安 | （　） | |
| | | | （　） | | | | | （　） | |
| 6 | （　） | 敗北 | （　） | | 21 | （　） | 清潔 | （　） | |
| | | | （　） | | | | | （　） | |
| 7 | （　） | 不満 | （　） | | 22 | （　） | 幸福 | （　） | |
| | | | （　） | | | | | （　） | |
| 8 | （　） | 絶望 | （　） | | 23 | （　） | 上品 | （　） | |
| | | | （　） | | | | | （　） | |
| 9 | （　） | 長所 | （　） | | 24 | （　） | 不潔 | （　） | |
| | | | （　） | | | | | （　） | |
| 10 | （　） | 病気 | （　） | | 25 | （　） | 希望 | （　） | |
| | | | （　） | | | | | （　） | |
| 11 | （　） | 最高 | （　） | | 26 | （　） | 最低 | （　） | |
| | | | （　） | | | | | （　） | |
| 12 | （　） | 下品 | （　） | | 27 | （　） | 上手 | （　） | |
| | | | （　） | | | | | （　） | |
| 13 | （　） | 健康 | （　） | | 28 | （　） | 災難 | （　） | |
| | | | （　） | | | | | （　） | |
| 14 | （　） | 不運 | （　） | | 29 | （　） | 安心 | （　） | |
| | | | （　） | | | | | （　） | |
| 15 | （　） | 下手 | （　） | | 30 | （　） | 正解 | （　） | |
| | | | （　） | | | | | （　） | |

ありがとうございましたm(_ _)m

小学 6 年生版集団式潜在連想テストの試作と実践

資料2　小学6年生版FUMIEテスト

第4部　第3章

# 大学入門期の論理的文章の書き方指導における評価・添削の観点と方法

國府田　祐　子

## Ⅰ．はじめに

### 1．研究の課題と手法

　大学生の学力低下が社会問題化し、大学入学期に初年次教育を行う大学が増えている。特にレポートや論文の書き方については多くの大学が課題と捉えている。その根拠としては、各大学における「レポート・論文の書き方等の文章作法を身に付けるためのプログラム」[1]の実施率が、平成23年度の74.8％から年々上昇し、平成27年度には88.6％だったことからもうかがえる。本稿では、大学入門期における添削指導について先行研究を調査し、初等・中等・高等教育の特性を概観し、大学入門期に指導する観点を設定する。次に具体的なカリキュラムを立案し学生に行った指導とその検証を行う。検証に当たっては評価およびその添削指導の実際を示す。最後に学生の文章の変容および講義を修了した学生のコメントから成果を明らかにする。

### 2．課題その1―添削指導の実態

　約30年間、大学教育で文章の書き方指導を行ってきた金子康子（2016）は、添削指導について「共感や次回への励ましになっても、書き上げて提出することに対する承認とはなっても、作文指導のあるべき評価とは言えない」[2]と述べている。添削指導は大学教育に限らず初等・中等教育でも多くの教師が行っている。この従来の「赤ペンのコメント」に対する金子の指摘はその通りであると考える。

## 3．課題その２―大学入門期における先行研究

　初年次に行われている論理的文章の指導について、添削指導の先行研究を近年10年間分調査した。筆者は次の３本の論文から添削指導に対する示唆を得た。

　外山敦子（2009）[3] は、講義名「実践日本語表現法」で大学１年生全員を28名ずつに分けたクラスでの実践を元に考察している。カリキュラムとしては、授業で事前に添削用のチェックシートを配布し、学生に対して添削の観点を明らかにし、評価の客観性を保障している。添削の観点に添って学生が推敲し再提出した小論文の中には、添削で指摘されなかった部分にも修正が施されている場合があったという言及がある。

　天川勝志（2014）[4] は、講義名「文章構成力育成演習」を大学１年生５クラス200名に行った小論文から考察している。学生の理解が不十分だった観点として「題意の正確な理解」「段落」「接続詞」を挙げている。書く力を向上させるためには、文章構成の基本型の定着を目指した、繰り返しの指導が重要であると述べている。

　山本裕子ら（2016）[5] は、大学１年生65名を対象とし、添削項目と教師からのコメント（筆者注：添削指導）に対する学生自身の受け取り方の関係を調査し考察している。添削を受けた学生が自分で改善しづらかった項目は７項目（全18項目）あり、それらは、「一文の長さ」「ねじれ文」「不適切な表現」「漢字の間違い」「構成」「具体的記述」「考察の深さ」であると結論づけている。　３本の論文からは、講義担当者が学生の実態から方針を立て、それぞれで添削の観点を立てていることが読み取れる。文章の添削には膨大な時間がかかるので、一クラスあたりの人数が小規模で編成されている実態が推測できる。

　講義担当者がよりよく添削指導を行っていくためには、学生の書いた文章を全面的に添削していては長続きしない。指導を継続させるためには、学生が自分で気づいて改善できる項目と、講義担当者が添削して学生が初めて気づく項目を分け、それぞれの観点を見出していく必要がある。

## 4．課題その3—初等・中等教育における実際

　初等教育や中等教育における「書くこと」指導についても難しさがある。佐渡島・峪田（2018）[6]らの調査によると、小・中・高等学校の教員はそれぞれの校種によって、「児童生徒の文章を評価する際に重視する点が異なっている」と結論づけている。[注1] これは校種が変わるとその都度、指導の重点が変わるという実態を表している。高等学校と大学の関連については、佐渡島ら（2018）の調査の高等学校の教員が重視する点の第2位に、「文章が論理的あるいは具体的に書かれているか」とある。これは本稿の「論理的」と同じ文言であるが、その意味する事柄は異なっていると考えている。

　その根拠としては、長谷川（2015）[7]による高等学校「国語総合」6社の教科書分析がある。長谷川は「国語総合」の論理的文章教材に、「『説明』『報告』と表示された文章が一教材もなかった」と述べている。長谷川は「ほとんどが『評論』と示され」、哲学・近現代思想・政治経済・言語等を扱った教材は「抽象的な内容で終始することが多く、筆者の連想によって内容が展開」すると分析している。大学入門期に指導されている論理的文章は、レポート作成や卒業論文執筆の基礎となる文章であるととらえると、高等学校の教員が想定する論理性と大学入門期に育成したい論理性とは、異なる文章観を含んでいることが推測できる。

　高大接続期に関する調査からも、高等学校における国語の授業について問題点が指摘されており、こちらも大学入門期の論理的文章の書き方指導を難しくしている側面がある。[注2]


# Ⅱ．科学論文の書き方の三観点

　文章の書き方指導に関しては、どの校種においても講義担当者の積極的な姿勢が求められる。金子（2016）[8]は、指導事項の一つとして自らの文章を振り返る「推敲」を挙げ、「推敲が、誤字脱字の訂正のレベルにとどまり、他者による評価も誤りを指摘し合うばかり」では不足であると述べている。筆者はこの考えに大きく賛同する。講義担当者が添削を

しすぎると、学生がその添削をいつまでも頼り、自ら推敲する習慣が定着しないからである。

そこで、学生が自分で改善しづらい観点を講義担当者が講義内で一斉指導し、学生が自分で推敲し改善できると想定した箇所についてはさほど言及しない方針とした。本稿で想定している論理的文章は、帰納論理の思考を生かした型で組み立てられている文章である。帰納論理は、自然科学の各学会では領域ごとに推論の仕方を研究して発展させ、大きな成果を挙げている。大学入門期には文系や理系の別を問わずに論理的文章の書き方を教えるという立場から、科学論文の書き方で重視されている「一段落一事項・文章構成・事実の記載」の三観点を立てた。観点を立てるに当たっては、科学論文の書き方の指導書として長く読み継がれている田中潔らに学んだ。[注3]

## 1．一段落一事項

田中潔（1983）は「パラグラフと見出し記号」において、段落について次のように述べている

改行した場所を段落と言い、段落から段落までの文章の一群（一塊）をパラグラフ（paragraph）という。日本人は段落の付け方にあまり気を使わない人が多いが、欧文では相当やかましく、1パラグラフは一つの話題だけを含むものと規定されている。日本文でも話の内容が一転するときには、新しいパラグラフにするのが通例である[9]。

田中の言う「1パラグラフは一つの話題」の「話題」とは、「事柄、事項、事実、考察、意見、主張」等を含んだ広い概念を指している。そして段落は、文章構成の下にその果たすべき役割を踏まえた文章の塊である、という意味としてとらえることができる。

## 2．文章構成

田中（1982）によると科学論文の標準的な構成は次の通りで、各部分の書き方は厳格に定められている。

①題名（論題、表題、標題、題目）と著者名

②抄録（要旨、要約）

③緒言（緒論、序言、序論、序説、序章、まえがき、はじめに）

④研究方法（材料と方法、実験方法、調査方法）

⑤研究結果（研究成績、研究成果、実験成績、結果、調査結果、観測結果）

⑥考察（論議、検討、討議、考案）

⑦総括（摘要、まとめ）

⑧結論（結語、むすび、おわりに）

⑨謝辞（感謝のことば、あいさつ）

⑩文献（参考文献、引用文献）[10]

　田中はこれら10項目のうちの4項目「緒言・研究方法・研究結果・考察」について、それぞれの役割を述べている。

①緒　　言：なぜこの研究を始めたのか。

②研究方法：何をどういう風に研究したのか。

③研究結果：何を発見したのか。

④考　　察：それはどういう意味を持つのか。

検討の結果、考察で書くべきことを研究結果に入れたり、方法で記すべきことが抜けていたり、緒言と結論が対応しなかったりするような欠点が見つかれば改める[11]。

　科学論文の標準的な構成として、①題名から⑩文献について述べ、その後、改めて別の章で「①緒言」「②研究方法」「③研究結果」「④考察」に言及している。田中がこの4項目を重視していることは明らかである。このうち「研究結果」と「考察」との関係が帰納論理の思考法を示している。


## 3．事実の記載

　科学論文の書き方における事実の書き方について田中（1982）は、研究結果の記述において、初心者が事実と一緒に自分の意見を書いてしまう傾向を注意すべき点であるとしている。田中の論を整理すると、事実とは次のように大別できる[12]。

①自然現象（太陽が東から昇るなど）

②過去の確実な記録（歴史的事実や人の出生など）

③実験調査で著者が自ら見たことを記録したもの、すなわち客観的
に確認できるもの

　田中の「①自然現象」は、万人にとっての共通の事実で一般常識的な
事柄であるといえる。「②過去の確実な記録」とは、歴史的事実や人の出
生など、検証や追跡が可能な記録を指しているといえる。「③著者が自ら
見たことを記録したもの」も、記録データ等を含むといえるが、そこに
は実験調査した著者が感想や意見を混在させることなく客観的に書くこ
とを求めている。<sup>注4</sup>

## ４．三観点の具体化

### １）文章構成・一段落一事項

　田中（1982）が重視している「緒言／研究方法・研究結果／考察」を
援用しながら、「序文／複数の具体的事例／考察」という段落の名称を立
て、大学入門期の書き方指導に生かすこととした。田中の述べる「結論」
を「主張」とし、基礎的で最小限の文章構成とする。「講義内の通称」は
「はじめ・なか・まとめ・むすび」とし学生に伝わりやすくした。文章の
長さは原稿用紙１枚400字（20字×20行）とし、繰り返し書いて添削指
導を多く受けられる程度の長さとする。行を余らせるのはよいが、各段
落の行数をはみ出して書くのは禁止とし、文章構成と段落を意識させ
る。

### ２）事実の記載の仕方

　「具体的事例１・２」には、感想や意見を混入させず、日時・地名・個
数・形状などの事実の記載だけをさせる。前項で田中（1982）が「客観
的に確認できるもの」と述べているように、主観的な要素を除く指導を
する。

表1　田中の三観点の具体化

| 田中 | 段落の名称 | 段落の役割 | 講義内の通称 | 行数 |
|---|---|---|---|---|
| 緒言 | 序文 | 全体のあらましを書く。 | はじめ | 2 |
| 研究方法・研究結果（事実の記載） | 具体的事例1 | 一つの具体的事例を詳しく書く。感想・意見は書かない。 | なか1 | 7 |
| | 具体的事例2 | 「具体的事例1」とは別の具体的事例を一つ書く。感想・意見は書かない。 | なか2 | 7 |
| 考察 | 考察 | 「具体的事例1」と「2」とに共通する感想・意見を書く。 | まとめ | 2 |
| 結論 | 主張 | 「考察」の感想・意見がすべての人にあてはまるという主張を書く。 | むすび | 2 |

## Ⅲ．テーマと書き方指導

　日本の国語教育界における書くことの指導については、生活綴方の影響が大きい。生活綴方の目的を国分一太郎は「人格形成の上の普遍的目的と、国語科教育が目指す専門的固有の目的とを、ともにめざさなければならない」[13]と述べている。本研究においては、テーマに日常の体験や学校行事をおいているが、人格形成を目的とはせず、論理的文章の書き方に特化している。大学生にまでなって日常の体験を書かせるという手法についてはいくつかの意見があるが、大学入門期における効果について複数の利点を見いだしている。

### 1．事例がたくさんある

　日常の体験は学生にとって事例がたくさんある。構想の段階において、テーマに沿った体験を思い出して取り出したり捨てたりする念頭操作を学ぶことができる。調査して書く学びは大学入門期以降に多くの機会があるので、大学入門期では体験を使って思考力を育てる指導に徹する。

## ２．表現を選択する学びができる

　筆者は毎年の最初のテーマに「家の手伝い」を置いているが、事実を記載する段落に「…なければならない」と書く学生が頻出する。これは、自分の義務感を事実とみなしてしまう主観的なものの考え方であると考察している。日常の体験は自分の事柄であるがゆえに、認識が粗くなる傾向があるのだろう。あえて日常の体験をテーマとすることで、事実と感想、意見を区別させ、他人に伝わる客観的な記述を指導する。

## ３．相互検討や相互評価の幅が広がる

　日常の体験や学校の行事は、入学までに多くの学生が経験している事柄であるため、書くことを苦手としている学生も取りかかりやすい。そして体験や行事は相手の背景についても想像しやすいため、多くの学生が互いに検討をしやすい。（当番や部活動など）一方、全く同じ体験をしているわけではないので、わかりやすいか否かの指摘も容易にできる。個別指導に陥りがちな書き方の指導において、主体的・対話的な講義の展開が可能になる。

## ４．多様なものの見方を学ぶ

　日常や行事でほぼ似たような体験を経てきていても、一人一人のものの見方は異なるため、完成した作品には個性が出る。友人の作品から他人の多様な見方を知り、自分の表現に生かしたり、語彙を増やしたりする学びが可能になる。

# Ⅳ．評価の基準

　評価の基準については各段落の評価項目で評価し、総合的な評定は各段落の◎○△の数で行う。評価の基準については、市毛（2010）の義務教育段階における指導の観点を大学入門期用に改変し用いる。[注5]

1．段落ごとに評価する

1）序文

　○文章全体のあらましが書けている。

　△感想や意見、結論が書いてある。

2）具体的事例1・2

　◎一つの事柄が具体的に詳しく書けている。

　○一つの事柄が書けている。

　△複数の事柄を書いている。前後の事情や印　象や感想、事柄の意義
　　が多く書かれている。

3）考察

　◎具体的事例1と2とに共通する性質が詳しく書けている。

　○具体的事例1と2に共通する性質が書けている。

　△共通する性質になっていない。

4）主張

　◎考察に対する主張が一般化して書けている。

　○考察に対する主張が書けている。

　△感想だけが書いてある。


2．総合評定は各段落の◎○△の数とする

　A（優秀）◎が一つ以上ある。△がない。

　B（佳良）○だけである。△が一つだけである。

　C（もっとがんばりましょう）△が二つ以上ある。


# Ⅴ．3種類の添削[注6]

　段落ごとの評価・添削に加えて、授業内で行う評価と、回収して行う
評価・添削に分ける。


## 1．板書添削（視覚で示し共有する添削）

　講義内で行う添削である。早く書き終えた学生を指名し、ホワイト

大学入門期の論理的文章の書き方指導における評価・添削の観点と方法

図1・2．板書添削の様子

ボードや黒板に板書させ視覚化する。講義担当者は書かれた文章を読み上げ、ほめながらマジックペンやチョークで添削し、他の学生の参考にさせる。即時その場の添削である。

## 2．読み聞かせ添削（音声で共有する添削）

　講義内で行う添削である。提出させた学生の作品の中から、よく書けている作品を選んでおき、匿名で読み聞かせ、上手か否かを判断させる。この指導により評価の基準が全体で共有できる。事前に講義担当者がよくない例を作成しておき、よくない理由を学生に判断させると学びが深まり、書き方の観点の定着につながる。

図3．読み聞かせプリントの例

## 3．個別添削（赤ペンによる添削）

　講義担当者が回収し赤ペンで個別に行う添削である。返却を受けた学生は二次原稿、三次原稿を書いて再提出する。

　以下は「事実の記載」（具体的事例）の段落に対する添削指導の実際と

225

学生の変容である。筆者のこれまでの指導経験では、大学生はこの事実の記載に多くの時間を費やす。(以下、誤字・脱字等は原文のママ。傍線は講義担当者。ゴチック体は学生が改善したと判断できる箇所。テーマ「家の手伝い」)

作品Ａ：感想・意見を除き客観的な書き方に

---

（1）一次原稿
　生活していると部屋はだんだん汚れていくので掃除をする。自分が汚していない所も家の手伝いとして行うこともある。例えばリビングでは落ちているごみを掃除機で吸い取ったりテーブルをふいたりする。

---

【添削・評価】○
　1行目「生活していると…掃除をする。」は事柄の意義にとどまっている。他の文も前後の事情であり漠然としている。中心を明確にさせるために「リビング」に傍線を引き、「一つを詳しく」と添削する。評価は○である。

---

（2）二次原稿
　生活していると部屋はだんだん汚れていくので掃除をする。自分が汚していない所も家の手伝いとして行うこともある。例えばリビングでは落ちているごみを掃除機で吸い取ったりテーブルをふいたりする。**床に落ちたごみはこまめに取らなくてはいけない。**

---

【添削・評価】○
　1行だけ行数を追加しているが、他の文章に変化はない。増やした「なくてはいけない」は、感想であり体験を客観的に記述できていない。傍線を引き「？」と添削する。評価は○である。

---

（3）三次原稿
　一つ目は部屋の掃除である。自分の部屋はもちろん、家族との共有スペースであるリビングも掃除する。**大きなごみは手で拾い、細かいごみは掃除機で吸い取る。**次に汚れている場所をぬれたタオルでふく。大体すぐに落ちるがなかなか落ちない場所は何度も強くふいて汚れを落とす。

---

【添削・評価】◎（完成）
　二次原稿から全文を書き換えている。「なくてはいけない」を削除し、3行目「大きなごみは…」から終わりまで、体験した事実の記載になった。「大きなごみ」「細かいごみ」「ぬれたタオル」「何度も強くふいて」のように体験について具体的な語句を使って書くことができている。評価は◎である。

大学入門期の論理的文章の書き方指導における評価・添削の観点と方法

## ４．完成した作品の一例

　以下は完成した作品の一例である。テーマは「ボランティア活動」で、第⑥テーマ（最終テーマ）の例である。（以下、誤字・脱字は原文のママ。総合評定Ａ。文末の◎○は段落ごとの評価。ゴチック体は事実の記載の仕方として明快であると判断される箇所。）

　１）序文には「ごみ拾いと募金集め」という全体のあらましが述べてある。

　２）具体的事例１にはごみ拾いの事柄が書けている。「中学校三年間」「六時に土手に集合」「二時間歩き回り」のように数値を用い客観的に書けている。「缶、ペットボトル、たばこの吸いガラ」「大きなごみ袋二つが一杯」というごみの種類や量の記述も詳しい。

　３）具体的事例２には赤十字赤い羽根の募金活動という一つの事柄が書けている。ポスター作りの準備、当日、後日の様子など一週間以上に渡る出来事であるが、一段落一事項で書けている。「先生と一緒に、二度数える」「五万円を超え、車いす支援にあてた」という事実の記載からは、担当者としての慎重な姿勢や責任意識が伝わってくる。

誰かのために（題名）

| |
|---|
| 　私はごみ拾いと募金集めのボランティアを行った。（序文）○ |

| |
|---|
| 　**中学校三年間、長岡祭り期間の朝のごみ拾いをした。六時に土手に集合**し、大通りを中心に拾っていく。多くは**缶、ペットボトル、たばこの吸いガラ**だ。**二時間歩き回り、大きなごみ袋二つが一杯**になる。土手へ戻るとみんなのあつめたごみが、並べられている。それを最後はトラックへ積む。（具体的事例１）◎ |

| |
|---|
| 　**小学六年の時、赤十字赤い羽の募金活動をした。一週間前からポスター**を作り、募金の呼びかけを行う。当日は朝玄関に募金箱を持って立ち、募金してくれた人たちへ赤い羽を渡す。集まった**お金を先生と一緒に、二度数える**。合計金額は**五万円を超え、車いす支援にあてた**。（具体的事例２）◎ |

| |
|---|
| 　やり終えた後は、達成感ですがすがしい気持ちになる。（考察）◎ |

| |
|---|
| 　これからも、人の役に立つボランティアをしていきたい。（主張）◎ |

227

4）考察には「達成感ですがすがしい」と記述があり、具体的事例の共通する性質である。

5）主張には「これからも、人の役に立つボランティアをしていきたい」と、考察に対する主張が一般化して書けている。


# VI. 評価の結果および学生の認識

## 1. 評価の結果

　2014年度前期、2015年度前期、2016年度前期の3期において講義を担当し、学生数計192人、約1100本の作品を添削し評価した。どの年度も第①テーマではAの割合が50%前後にとどまっているが、第⑥テーマ（最終テーマ）では、Aを取った学生が60%から80%程度まで伸びている。3年間の総計でも同様の傾向が認められる。

表2　2014年度実施83名の内訳

| 2014年度テーマ | A | B | C | 未提出 | 合計 |
|---|---|---|---|---|---|
| ①家の手伝い | 46 | 37 | 0 | 0 | 83 |
| ②高校生活の思い出 | 43 | 40 | 0 | 0 | 83 |
| ③思い出の先生 | 29 | 32 | 17 | 5 | 83 |
| ④つらかったこと・苦しかったこと | 41 | 39 | 0 | 3 | 83 |
| ⑤私の失敗 | 47 | 32 | 0 | 4 | 83 |
| ⑥ボランティア活動 | 64 | 14 | 4 | 1 | 83 |

表3　2015年度実施78名の内訳

| 015年度テーマ | A | B | C | 未提出 | 合計 |
|---|---|---|---|---|---|
| ①家の手伝い | 44 | 25 | 8 | 1 | 78 |
| ②運動会・体育祭 | 39 | 21 | 15 | 3 | 78 |
| ③当番活動 | 41 | 32 | 5 | 0 | 78 |
| ④つらかったこと・苦しかったこと | 27 | 39 | 9 | 3 | 78 |
| ⑤私の失敗 | 61 | 15 | 1 | 1 | 78 |
| ⑥ボランティア活動 | 63 | 13 | 0 | 2 | 78 |

表4　2016年度実施31名の内訳

| 2016年度テーマ | A | B | C | 未提出 | 合計 |
|---|---|---|---|---|---|
| ①家の手伝い | 10 | 17 | 4 | 0 | 31 |
| ②当番活動 | 18 | 12 | 1 | 0 | 31 |
| ③運動会 | 12 | 13 | 4 | 2 | 31 |
| ④私の失敗 | 26 | 3 | 0 | 2 | 31 |
| ⑤ボランティア活動 | 21 | 8 | 2 | 0 | 31 |
| ⑥つらかったこと・苦しかったこと | 19 | 11 | 1 | 0 | 31 |

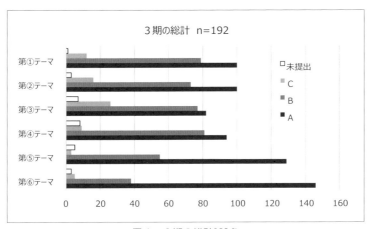

図4．3期の総計192名

## 2．学生の認識

　全ての年度の講義の最終回で、自由記述による振り返りをさせている。事実の記載の仕方に対する添削指導を中心に行ってきたが、文章構成や一段落一事項以外の観点についても学生は自分の変容を認識していることがわかる。（以下、誤字・脱字は原文のママ。傍線は筆者）

1）事実の記載の仕方の意識や理解
　a）最初は文を飾ることが多く、情景が浮かんでくるような小論文が書けなかった。しかし先生にもアドバイスをいただき、<u>内容を詳しく細</u>

かく簡潔に書くことが大事だとわかり、実践することで優秀（筆者注：A）の評価をもらえた。

b) 一つのことを具体的に書くつもりが、二つ 三つを「なか1」に盛り込んでしまったが、回数を重ねていくごとに具体的に書けるようになった。今後は量（著者注：文字数）を増やしてもかけるようにしていきたい。

c) この講義で、なか1・なか2を具体的に書くということが身に付いたと感じた。それだけでなく、感情を入れないこと、比喩を入れないということなど、今までの自分の小論文を見直せば直さなくてはいけないところがたくさん見つかると思う。

d) なかに感想を書かないことで、まとめやむすびに自分の気持ちが書きやすくなった。

e) 「なか」に自分の感想を入れない）で、その出来事の説明を7行で収めることが難しかった。私は「〜、〜、だから〜、〜だ。」のように読点をたくさんつける癖があったので、短く簡潔に書くのが大変だった。


2) 一段落一事項（キーワード）や段落に対する意識や理解

a) 高校の頃から小論文を書いてきたが、書くことを一度リスト化することによって高校の時よりも書きやすくなった。

b) 他の科目のレポートでも「なか」から書くようにしている。頭の中でキーワードを決めてから書いている。

c) 最初にキーワードを決め、書く、というやり方をこれからも実践していきたい。


3) 文章構成に対する意識や理解

a) 今までは、小論文を書こうとしたらとりあえず段落を三つ〜四つに分けて、同じ文量で書いていた。しかし「はじめ、なか、まとめ、むすび」を教わり、ただ段落を分けて書けばいいのではないという発見ができた。

b) いまいちわからなく苦手意識があった小論文も、作文用紙を区切ったり、各段落ごとの役割をはっきりさせる（ママ）ことでわかりやすく書けるようになっていった。

c) 小論文は、大学入試でたくさん書いたしできると思ったけど、「はじめ・なか１・なか２・まとめ・むすび」としっかり分けると難しかった。

4）得意としていた学生がさらに向上した例

a) 私にとって原稿用紙一枚というのはとても短いと思っていたが、その中ではじめ、なか、まとめ、むすびと分けて書いていくうちに何をどの程度書いたらいいのか分かるようになってきた。今後はこれを拡大し、1200字やそれを越えるレポートや小論文でも応用できるようにしていきたい。

b) 今まで得意だと思っていたものの、一定の表現で一定の条件の下で文章を書くのはそれなりに難儀なことであると知った。知った上で演習を重ねたことで少しは実力が上がったと感じている。

5）苦手意識をもっていた学生が向上した例

a) 最初の頃は、小論文の書き方すら良く理解していないまま書いていた。毎週教えていただき、書いているうちに、今まではどうにかして文字数をうめようとしていたのが自然と書けるようになった。最初と今の小論文を比べてみると今の自分が書いたようではないので、こんなに自分自身で成長を実感できたのは初めてかもしれない。

b) 一回ごとに自分の考えをまとめる力や簡潔に文章を表現していく力が育っていくことを実感できた。

# Ⅶ. 結論および高大接続等からの今後

## 1. 結論

科学論文の三観点「一段落一事項・文章構成・事実の記載」は有効で

あり、この三観点に沿って指導し評価し、添削を蓄積していくことで学生の論理的文章を書く力の向上が認められた。学生の自由記述による振り返りからは、この三観点に対する理解や認識が深まったことが読み取れる。三観点以外についても、自分の力の向上を認識したり、今後のレポートや論文に対する見通しを持てたりしたというコメントがあった。今後、短い文量で繰り返し書かせることの効果や、テーマと評価の関連等を探っていく。また、入学前課題レポートや学年進行後の論文やレポートとの関連を調査し、大学入門期における効果的な指導方法を模索していきたい。

## 2．高等学校学習指導要領の改訂

　高等学校学習指導要領が2018年3月に公示された。国語科においては論理的文章の指導が重視されていることが、科目再編や配当時数からわかる。必履修科目が再編され、現行の「国語総合」（4単位）から、「現代の国語」（2単位）と「言語文化」（2単位）になった。それぞれの科目で指導する「書くこと」の文章の種類は、言語活動例で用いられている語句を取り出すことで明らかになる。[14) 15)]

「国語総合」……　詩歌、随筆、説明、意見、手紙、通知

「現代の国語」…　意見、考え、論述、手順書、紹介文、案内文、通知文、報告書、説明資料

「言語文化」……　本歌取り、折句、短歌、俳句、随筆

　現行の「国語総合」の言語活動例には、論理的文章と文学的文章の両方が混ざって例示されている。一方、新指導要領の「現代の国語」で書かせるのは論理的文章や実用的文章となり、「言語文化」では文学的文章の創作となった。科目再編によって、文章の種類を区別しどちらも指導する方針が明確になった。

　時数に関しては、新指導要領の「現代の国語」の「書くこと」の配当時数は30〜40時間となり、「言語文化」の「書くこと」は5〜10時間と明記された。「国語総合」の配当時数は文章の種類に関係なく30〜40時間であったことから、必履修科目においては論理的文章や実用的文章を書く

時間が実質的に増加した。[14-2)、15-2)]

## 3．高大接続システム改革最終報告

　「高大接続システム改革最終報告」(2016)[16)] によると、大学入学希望者に対する大学側の能力の求め方、および具体的な評価方法について複数の例示があり、2020年度の入試から各大学では工夫して実施することになっている。このうち「活動報告書」「大学入学希望理由書」「学修計画書」は、各大学が示す書式に合わせて、大学入学希望者（高校生）が自分の経験や活動、学びの成果を記述したり、成果を踏まえた計画を記述したりする例として読み取ることができる。今後、大学入学を希望する高校生は、自分の体験を論理的に記述する機会が多くなるといえる。

　2020年度の入試から始まる大学入学共通テストでは記述式問題が導入される。新しい高等学校学習指導要領は2022年度高校入学者から年次進行で実施され、2024年度の入試では新しい学習指導要領で学んだ高校生に対する新しい入試が始まる。

　今後も論理的文章の書き方指導に対する研究が進み、指導方法の開発、実践による検証が重要になってくる。さらに、小・中・高・大学等の各校種における論理的文章指導の研究の蓄積、および各校種を通観できる評価や添削の観点を明確にする必要がある。

## 注

注1　佐渡島らは、小・中・高等学校教員（中・高等学校は国語科教員）が作文指導で重視している項目の上位2項目（高等学校は3項目）は次の通りであるとしている。小学校は「自分の思いを自分の言葉で表現できているか」「自分が伝えたいことを読み手に伝えるための工夫ができているか」，中学校は「課題の目標、条件を達成できているか」「学年にふさわしい表現を工夫して使用できているか」，高等学校は「独自の視点があるか」，「文章が論理的あるいは具体的に書かれているか」，「文章が正しく、明確な日本語で書かれているか」，である。

注2　島田（2017）が行った大学新入生に対する意識調査によると、高等学校の国語「話すこと・聞くこと」「書くこと」「読むこと」の3領域の指導では、指導が「読むこと」に偏る傾向があることが確認されている。（渡辺哲司，島田康行『ライティングの高大接続―高校・大学で「書くこと」を教える人たちへ』，ひつじ書房）

注3　田中ら3冊とは下記である。田中義麿，田中潔，『科学論文の書き方』裳華房（1929），第13版（第2回全訂版）（1953），訂正第19版（1963）．田中潔，『実用的な科学論文の書き方』裳華房（1983）第1版，第5版2刷（1991）、追補第6版第3刷（1996）〈『科学論文の書き方』（1929）のダイジェスト版と改訂版を兼ねたもの（同書の序言より）〉．田中潔，『手ぎわよい科学論文の仕上げ方』共立出版（1982）第1版，第2版（全面改訂）（1994）．

注4　田中（1982）は事実の記載については「記述漏れ」の項でも「追試者を想定し，研究方法・実験条件などに要点を記載」「追試者以外の読者にも疑問を起こさせないように，抜け目なく記述」と述べている。

注5　市毛勝雄「『小論文の書き方指導』の教材・教具・指導技術」『小論文の書き方指導　4時間の授業で「導入」から「評価」まで』明治図書，pp. 100-109（2010）から大学入門期用に改変している。

注6　本論文中の作品例は，2014年～2016年の4月～9月に東京福祉大学・東京福祉大学短期大学部で開講した「文章表現」（一般教養科目，1年次必修）において，筆者が担当した講義で提出されたものである。


**文献**

1）　文部科学省，平成27年度の大学における教育内容等の改革状況について，http://www.mext.go.jp/a_menu/koutou/daigaku/04052801/_icsFiles/afieldfile/2017/12/13/1398426_1.pdf（閲覧日2017.12.15）

2）　金子康子，「関連諸科学からの示唆」『大学における文章表現指導─実践の記述と考察から指導計画の提案まで─』溪水社，p. 121（2016）.

3）　外山敦子，「文学部共通専門教育科目『実践日本語表現法』の実践報告 - 学生による小論文相互添削の試み─」『愛知淑徳大学論集─文学部・文学部研究科篇』34，愛知淑徳大学文学部，pp. 111-119（2009）.

4）　天川勝志，「大学生の文章力に関する課題，および指導法、学習効果に関する考察：聖徳教育Ⅲ（文章構成力育成演習）の講義、添削指導を事例として」『聖徳の教え込む技法』9，聖徳大学教務委員会編，pp. 179-193（2015）.

5）　山本裕子，本間妙，中林律子，「論述文の添削評価を学生はどのように受け取るか - 効果的な論述文導法の確立に向けて」『人文学部研究論集』35，中部大学人文学部，pp. 45-63（2016）.

6）　佐渡島紗織，嶼田大海，「試験的全国調査『書くこと』の指導と評価─指導実態・教員意識・作文評価パフォーマンス─」『国語教育における調査研究，全国大学国語教育学会編』東洋館出版社，pp. 66-75（2018）.

7）　長谷川祥子，「『論説』の文章指導（評価）の一考察」『札幌国語研究』20，北海道教育大学国語国文学会札幌2015，p. 40（2015）.

8）　前出同書，金子康子，「大学初年次生を対象とした基礎文章表現法」溪水社，p. 294（2016）.

9) 田中潔,「パラグラフと見出し記号」『実用的な科学論文の書き方』裳華房, pp. 48-49（1983）.

10) 田中潔,「論文の構成と第一原稿」『手ぎわよい科学論文の仕上げ方（付）初心者べからず集』共立出版, pp. 21-22（1982）から筆者によるまとめ.

11) 前掲同書,「科学論文の文章」共立出版, pp. 67-68.

12) 前出同書,「科学論文の文章」pp. 69-70.

13) 国分一太郎,「生活綴方の本質」『講座・生活綴方 1 生活綴方概論』百合出版, p. 18（1962）.

14) 文部科学省, 高等学校学習指導要領 東山書房, pp. 25-27（2009）.

15) 文部科学省, 高等学校学習指導要領（平成30年告示）, 東山書房, pp. 33-38（2019）

16) 文部科学省, 個別大学における入学者選抜改革の基本的な考え方,『高大接続システム改革会議「最終報告」平成28年 3 月31日』, 高大接続システム改革会議, pp. 41-50（2016）,
http://www.mext.go.jp/component/b_menu/shingi/toushin/_icsFiles/afieldfile/2016/06/02/1369232_01_2.pdf（閲覧日2017.12.11）.

---

これは、松本大学教育総合研究第 2 号掲載論文に、加筆・修正したものです。

第4部 第4章

# 英語の使役動詞に関する考察
~語彙概念構造と概念化者の観点から~

藤 原 隆 史

## 1．導入

　英語学習者の多くが修得を困難だと感じている文法項目の一つに、「使役」がある。その理由として様々なものが考えられるが、次の2つがその主要因に含まれると考えられる。すなわち、(A) 使役の意味を持つ動詞が多様な統語的振る舞いをすること、(B) 統語的に同一であっても例外的制約があることの2点である。これらのうち、(A) に関して、学校文法における説明では、make, have, let が同一の後続要素として〈目的語＋原形不定詞〉を許容することから同一項目で説明されることがしばしばある。本論文では、学校文法において、いわゆる「使役動詞」として説明されることが多い make, have, let をとり上げる。

　　(1) He made me go against my will.
　　(2) I'll have him check the package.
　　(3) Don't let the children play in the street.　　（綿貫ら2000：502）[1]

　(B) に関して、上記の3つの使役動詞が同一の項目として扱われる一方、特に以下の2点について差異があることが注目に値する。すなわち、(B1) 無生物主語を取ることができるのは make のみであることと、(B2) have 使役構文は〈目的語＋原形不定詞〉という後続要素以外も許容され、「使役」以外にも「経験」・「許容」などの意味解釈が認められることである。

（4）The pain made (*had, *let) him cry out.（無生物主語）

（安藤，2005：831）[2]

（5）I won't have you tell me what to do.〈have + 原形不定詞〉（許容）

(ibid.：219)

（6）He had his leg broken in the accident.〈have + 過去分詞〉（経験）

(ibid：239)

（7）Soon we had the mist coming down on us.〈have + 現在分詞〉（経験）

(ibid：239)

　本論文は、 上記の（B1） および（B2） について、Jackendoff（1983）[3]、Jackendoff（1990）[4] および Rappaport & Levin （1988）[5] 等が提唱した語彙概念構造（Lexical Conceptual Structure = LCS）における概念化者による事象の焦点化という考え方を導入し、先行研究とは異なる新しい説明を試みる。それに加え、使役動詞 make, have, let がどのように棲み分け（Habitat Segregation, Hanazaki, 2007）[6] られているかについても考察を行う。


## 2．先行研究

　使役動詞に関する先行研究は4つのタイプに大別することができよう。すなわち、①素性を用いて説明したもの、②意味用法を列挙したもの、③最小限の多義を認めるもの、④単一の中心義と用法誘導条件に基づく説明をするもの、の4種類である。以下でこれら4タイプの代表例を概観し、その問題点を指摘する。


### 2．1　素性を用いた説明

　各使役動詞の用法を、素性（feature）を用いて説明したものとしては、Quirk et al. (1985)[7] や和田・田中（2011）[8] などがある。和田らは、英語の使役構文には使役主・被使役主・被使役事象の3つの観点が関係しており、 それらの観点からみた2つの素性（± H (uman)、±C （ontrollable））の組み合わせが意味の違いを生じさせていると主張している。

表1　Have 使役構文の4タイプ（和田・田中，2011：159）

| 構成素＼タイプ | 使役主 | | 被使役主 | 使役事象 | 動詞の種類 | 特徴 |
|---|---|---|---|---|---|---|
| A | ＋H | ＋C | ＋H | ＋C | 主に活動動詞 | 指示・要求（監督読み） |
| B | ＋H | －C | ＋H | －C | 非意図的な動詞 | *（容認不可） |
| C | ＋H | ＋C | －H | －C | 制限なし | 苦労・努力なし |
| D | －H | －C | － | － | － | *（容認不可） |

＊タイプDで使われている「－」は「素性や動詞の種類は関係ない」ことを表わす。

表2　Make 使役構文の4タイプ（和田・田中，2011：162）

| 構成素＼タイプ | | 使役主 | | 被使役主 | 使役事象 | 動詞の種類 | 特徴 |
|---|---|---|---|---|---|---|---|
| A | | ＋H | ＋C／－C | ＋H | ＋C | 主に活動動詞 | 強制 |
| B | | ＋H | ＋C | ＋H | －C | 非意図的な動詞 | 強制 |
| | | | －C | | | 主に心理動詞 | 自発 |
| C | | ＋H | ＋C／－C | －H | －C | 制限なし | 強制 |
| D | i | －H | －C | ＋H | ＋C | 主に活動動詞 | 強制 |
| | ii | | | ＋H | －C | 主に心理動詞 | 自発 |
| | iii | | | －H | －C | 制限なし | 強制 |

　和田らの研究では、先述の（B1）の問題に対する満足のいく説明がなされていない。つまり、make は使役主が ＋C，－C のいずれの場合も許容されると記述しているが、make 使役が制御力と関係しない理由を説明していない。また、（B2）なぜ have 使役が〈目的語＋原形不定詞〉以外の形式を許容し、「使役」以外の意味用法があるのかも説明していない。さらに、使役動詞 let の記述がなく、説明の包括性という点からも不十分であると考えられる。

## 2．2　意味用法の列挙

　意味用法の列挙をしたものとしては、安藤（2005）が代表的である。安藤は各使役構文を「裸不定詞の用法」という項目で扱い、さらに have 使役構文に関しては、後続要素毎に別項目を立て意味用法を列挙している。また、使役構文の意味解釈に関して、「使役」・「容認」・「被害」・「結果」などを挙げて細かく分類している。

　しかしながら、意味用法の記述に関しては詳細に述べられている一方で、それぞれの用法の違いが生じる理由については説明していない。特に、（B1）・（B2）に関する説明はほとんど見られない。さらに学習効率という観点から見た場合、多くの用法を列挙する提示方法は学習者に多くの負担を強いることになり効率的とは言えない。

## 2．3　最小限の多義を認める説明

　久野・高見（2007）[9]は、意味的・機能的制約という側面から使役動詞を考察しており、主語の使役性の強さと目的語の抵抗力から make, have, let の違いを説明している。例えば have 使役について言えば、使役性が比較的強く抵抗力が小さい「使役」の意味と、使役性が弱く抵抗力のない「経験」の2つの意味用法を認めている。

　しかしながら、久野・高見（2007）は、本論文が問題とする、make のみが無生物主語を許容するのはなぜかという問題に対する説明がない上に、have が取り得る後続要素の多様性についての言及もなされていない。さらに、have の元々の意味である「～を持つ」が「使役」や「経験」の意味用法とどのように関係しているのかの議論も行われていない。Bolinger（1977）[10]が指摘するように、類像性（iconicity）の観点から考えれば、これらの間には何らかの関係性がなければならないはずである。

## 2．4　単一の中心義と用法誘導条件に基づく説明

　Fujiwara et al.（2015）[11]は、have の持つコアイメージを規定したうえで、have 使役文の意味誘導条件を示している。

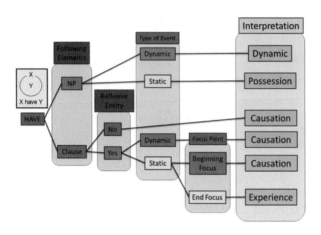

図 1　Have のコアイメージと意味誘導条件 (Fujiwara et al., 2015)

　Fujiwara et al.（2015）は、図 1 の意味誘導条件を用いることで各意味用法を弁別できるとして、（8）〜（13）の文を列挙している。この説明は、have のコアミーニング（図 1 左端四角内）とそこから派生する各意味用法をシンプルな条件の設定で説明できる点で、学習者にとって有用であると考えられる。その一方で、（13）のような文をよく観察すると、場合によっては「使役」と「経験」の意味を完全に弁別できないことがあり得る。例えば、John had his hair cut by Mary.（Washio, 1993：46）[12] という文では、「使役」と「経験」の両方の読みが可能となってしまう[注1]。また、have の意味用法のみを扱っているという点で不十分であり、（B1）の疑問が残る。

（ 8 ）They had a long fight.
（ 9 ）I have two sisters.
（10）I could call my servants and have you arrested.
（11）I am glad to have my place look its best.
（12）I will have my vision realized.
（13）I had my wallet stolen.　　　　　　（Fujiwara et al 2015：11）

## 2．5　先行研究の問題点

　本節では、先行研究において、（B1）および（B2）の課題がどう説明されてきたかを中心に概観したが、どの先行研究もこれらの問題を十分に説明できていないことが分かった。先行研究の問題点は以下の3つに集約できよう。すなわち、①使役性の強さが動詞によって異なる理由が明確に示されていない。②説明の包括性に問題があり、教育効果が十分に望めない。③ Have 使役文に「使役」や「経験」の意味用法が生じる原因の解明が不十分である。本論文では、これらの点を踏まえ、（B1）および（B2）に新たな説明を与えることを主眼とし、英語使役動詞 make, have, let の使役性の違いが生じるメカニズムの包括的な説明を試みる。


## 3．理論的枠組み

　本論文では、（B1）および（B2）に新たな分析を加えるにあたり2つの理論を導入する。すなわち、（1）語彙概念構造（Lexical Conceptual Structure ＝ LCS）および、（2）概念化者による LCS の焦点化、の2つの考え方である。

　先行研究では、使役動詞自体が持っている意味の記述と説明に主眼が置かれていた。そのため、「have にはいくつの意味があるか」が問題の中心となり、have には一つの意味しかない、二つの意味がある、あるいは多くの意味がある、といった議論になっていた。しかし、そもそも使役動詞（Causative verb）が用いられる状況を考えてみると、状態の記述というより、状態の「変化」を記述するために用いられると考えることもできよう。すなわち、Festinger（1957）がいう認知的不協和（Festinger, 1957：3）[13]、あるいは、Takekuro et al.（2015）[14] が論じるところの Discordance を認め、その「変化」に内在する因果関係（Causation）を記述しようとするものであるとも考えられる。つまり、ある語彙が用いられる際の「概念化者」による概念化のプロセスという観点から使役動詞を考えるべきである、というのが本論文の立場である。以下

で、語彙概念構造（LCS）と概念化者についてさらに詳しく述べる。

### 3．1　語彙概念構造

Jakendoff（1983）らによって提唱された語彙概念構造（LCS）は、動詞の持つ意味的・概念的構造を記述するための枠組みであり、現在もなお研究が行われている（Rappaport & Levin, 1988[15]；Pustejovsky, 1991[16]；影山，1996[17]；淺尾，2007[18]など）。具体的には、ACT, CONTROL, CAUSE, BECOME, BE, AT といった術語を用いて動詞（句）の意味構造を表現することで、語彙の持つ深層構造を明らかにしようとするものである。影山（1996）によれば、使役は以下のLCSを持つとされている。

(14) ［x ACT ON y］ CAUSE ［y BECOME ［y BE-AT z］］

（影山，1996：290）

上記（14）が表しているのは、ある動作主（x）が被動作主（y）に働きかける（ACT）ことで、被動作主（y）が何らかの状態（BE-AT z）になる（BECOME）原因となる（CAUSE）、というもので、使役動詞の典型的な語彙概念と考えられる。本論文では、このLCSを用いて各使役動詞の語彙概念構造を考察する。

### 3．2　概念化者

本節冒頭で、概念化者による語彙概念構造（LCS）の焦点化について触れたが、「概念化者」（Conceptualizer）という考え方についても簡単に説明する。この考え方は、Langacker（1991, 1998）[19] [20] によるものであるが、概念化者の重要性について清水（2009）[21] は、「言語活動において、言語主体（概念化者）が対象をどの様に概念化したかという、対象の『捉え方（construal）』が言語形式によって表現される」（ibid, 2009：25）と述べている。すなわち、言語形式には概念化者である話し手や書き手が現実世界をどう捉えたかが反映されており、その反映のされ方に

は様々な可能性があると考えられる。先行研究では言語形式そのものと
それが表す意味を出発点としていたが、本論文では、ある言語形式が用
いられるプロセス（焦点化のされ方）を出発点として、ある事象がどの
ように焦点化され形式化されるかを考察する。

### 3．3　概念化者による LCS の焦点化という考えを導入した説明

　先に述べた（14）には、2つの Entity（存在）が関わるイベント
（x ACT ON y）ともう一つのイベント（y BE-AT z）がある。術語
CAUSE を境に、それらは前半と後半に分けられる。前半のイベントが
表しているのは、x による y への働きかけであり、言い換えれば事象の
「原因」にあたる部分である。一方で、後半のイベントは y の状態がど
うなったかを表す「結果」を示しており、y が z の状態になったことを
表している。焦点化という観点から以上をまとめると、前半のイベント
における 2 つの Entity（x, y）と後半のイベントが表す結果の合計 3 つ
のポイントに焦点を置くことが可能であろう。本論文の主張は、これら
の焦点化ポイントのどこを焦点化するかが、まさに使役動詞 make, have,
let の使い分けに関係しており、この焦点化の主体こそが概念化者である
というものである。


### 4．考察

　本節では先ず、統語的なふるまいの違いから、後続要素に〈目的語＋
原形不定詞〉のみをとる make と let について考察する[注2]。その後、多
様な統語的振る舞いをする have を考察する。これらを踏まえ、（B 1）
および（B 2）に対する新たな説明を試みる。

### 4．1　Make と let

　概念化者による（15）と（16）の認識の違いは、イベントの原因に帰
結できる。すなわち、（15）において自分の意思に反して「私が行った」
というイベントの原因は主語の "he" であり、（16）で「囚人が帰宅した」

というイベントの原因は目的語の "the prisoner" であると考えることができる。換言すれば、概念化者がどこにイベントの原因を見ているかによって、用いられる使役動詞が異なっていると考えることができる。上記で述べた LCS との関係で言えば、（15）の主語 "he" と（16）の目的語 "the prisoner" はそれぞれ、LCS の前半部分の x と y に対応していると言える。概念化者が焦点化しているのは、（15）において動作主の x（主語 "he"）であり、（16）においては被動作主の y（目的語 "the prisoner"）ということになる。

(15) He made me go against my will.　　（= 1 )

(16) They let the prisoner go home.　　(Quirk et al., 1985 : 16.52)

このことはさらに、Festinger（1957）の提唱する認知不協和理論を援用し、次のように説明することができよう。（15）に於いて、概念化者は主語 "he" の働きかけと、通常なら行くことはなかった目的語 "me" がある場所へ行ったというイベントを観察し、そこに認知的不協和（行かない vs. 行く）を見ており、それが是正される様を言語化する。（16）で概念化者は、目的語 "the prisoner" からの働きかけ（帰宅を懇願するなど）と、囚人が帰宅したという現実世界とを観察し、そこに認知的不協和（帰れない vs. 帰った）を見ており、それが是正される様を言語化していることになる。以上をまとめると、（15）に於いて make が用いられる時、概念化者はその事象の原因を主語（Agent）に見ており、（16）で let が用いられる場合は、事象の原因を目的語（Patient）に見ていると考えることができる。このことを（14）の LCS を用いて表現すると以下の（17）のようになる。

(17) [[x ACT (-ON y)]　　CAUSE　　[y BECOME [y BE-AT z]]
　　　*make* : agent-focused
　　　*let* : patient-focused

## 4．2　Have

　次に、統語的に異なる形を許容する have について考察する。使役動詞 have については、以下に示す（18）と（19）が示唆的である。

(18) Be careful not to get [*have] yourself burned. (Genius：826)[22]
(19) We got [had] our roof blown off in [by] the gale.

(idid：826)

　（18）においては、have を用いることができない。これは（18）は、「主語の不注意によって火傷を負う」ことに気をつけろということであり、事象の原因が主語の側にあると判断される場合に用いられるからであると言えよう。一方、（19）では、「自己の不注意による事故ではないので have がふつう」(ibid：826) とあるように、get 使役では主語の側に原因があると考えられる場合に用いられ、have は原因を特定しない場合に用いられると考えられる。すなわち、have は事象全体を当然の「結果」として主語の領域内に収めること[注3]のみを表し、使役の意味解釈が可能なのは、「結果」がある以上「原因」もあるという類推によるものであると考えられる。上記の have の考察を（17）に加えると以下の（20）のように表すことができる。

(20) [x ACT (-ON y)]　　CAUSE　　[y BECOME [y BE-AT z]]
　　　*make*：agent-focused　　　　 have：result-focused
　　　*let*：patient-focused

## 4．3　B1 に対する新たな説明

　これまで make 使役に関して、概念化者が、あるイベントを引き起こす原因が主語の側にあると判断した場合に用いられることを示した。先行研究の問題点は、意図性の有無という観点から考えた場合、無生物には意図（意識）が存在しないために、make 使役文のみで無生物主語が許容される理由の説明が難しかったことである。一方で、本論の主張

のように、概念化者による原因の焦点化という考え方を用いれば、例えば（21）のような無生物主語が許容される make 使役文の説明も可能となる。

(21) The lightning made the girls cover their heads.

（久野・高見，2007：248）

（21）では、少女たちが頭を覆う、というイベントの原因が主語 "the lightning" にあると概念化者によって判断されたために make 使役が用いられたと考えられる。このように考えれば、主語が生物・無生物にかかわらず、概念化者が主語（Agent）に原因を認めれば make 使役が用いられる、という説明でよいことになる。

## ４．４　B2に対する新たな説明
　４．2節で述べた通り、have 使役文の主機能は結果状態を記述することであり、使役の意味を表しうるのは「結果」があるなら「原因」もあるという、主機能からの類推であると考えられる。このことが、他の使役動詞と比べ自由な統語的振る舞いをする理由であることを示す。
　Fujiwara et al. (2015) では、（22）のような使役文における意味解釈の弁別を最大の問題点としていた。Washio (1993) は（22）には「使役」と「受身」の2つの意味解釈があると論じている。さらに、その意味解釈を決定しているのは文脈であると述べている。

(22) John had his hair cut by Mary.　　　　　　(Washio, 1993：49)

　しかし、本論文が主張するように、「イベントの原因を概念化者が特定しない」場合に have が用いられるという論に従えば、（22）のような文が存在し、且つ2つ以上の解釈が生まれる理由も説明可能となる。すなわち、have 使役文では、概念化者はある事象の「結果」のみを焦点化しており、その原因を焦点化していない。言い換えれば、have は LCS の

後半部分のみを焦点化している場合に用いられると考えられる。その場合、イベントの原因の特定は読者に委ねられることとなり、文脈によって様々な解釈が生まれてくることになる。

以上から、have 使役文が「結果」のみを焦点化するために、その結果を引き起こした「原因」とそこに至る経緯に対しては焦点が当たらない。それゆえ、統語的な主語述語関係や主語と目的語の力関係にも焦点が当たらない。そのことが、have 使役文において統語的に自由な形式が許容される理由と考えられる。

## 5．使役動詞の棲み分け

本論文では、(B1)、(B2) の問題を解決するために、LCS と概念化者という考え方を導入し、make, let 使役が事象の原因、LCS でいえば前半部分を焦点化することを示した。その上で、概念化者が、主語が事象の原因だと解釈すれば make が用いられ、目的語がその原因だと解釈すれば let が用いられることを示した。また、have 使役文では、概念化者が事象の原因を特定しておらず、結果の部分のみを焦点化していることを示し、使役の解釈は「結果」があるならば「原因」があるという類推によって再分析されたため生じたことを述べた。以上の議論から、使役動詞 make, have, let の棲み分けを示すと図2のようになる。

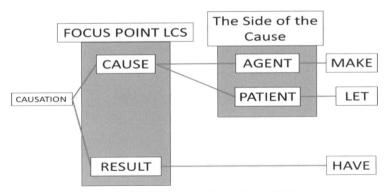

図2　英語使役動詞 make, have, let の棲み分け

## 6．結論

　本論文では、英語の使役動詞 make, have, let について、先行研究が解決できなかった問題、すなわち（B１）make だけが無生物主語を許容するのはなぜか、（B２）have が多様な後続要素を許容し意味解釈も多彩なのはなぜか、という２点について、語彙概念構造（LCS）および概念化者という２つの理論的枠組を導入し考察した。その考察において、概念化者が LCS の前半部分（原因）のうち主語を焦点化すれば make が、目的語を焦点化すれば let が、そして、LCS の後半部分（結果）を焦点化すれば have が用いられることを示した。

## Note

　本論文は、筆者が信州大学大学院人文科学研究科大学院シンポジウムにおいて行った研究発表を基に加筆修正を施したものである。

## 注

注１　綿貫ら（2000）や安藤（2005）が指摘するように、ネイティヴスピーカーは「使役」と「経験」の違いを、アクセントの位置によって区別している。

注２　Have 文については、別の後続要素も許容するため、iconicity（Bolinger, 1977）の観点から見て別の言語的仕組みが働いていると考えるほうが妥当であろう。

注３　Have のもつ元々の意味である "to possess" と同様に考えることができるという点で、iconicity が保たれていると考えられる。

## 参考文献

1）　綿貫陽（2000）.『ロイヤル英文法改訂新版』　東京：旺文社，896pp.

2）　安藤貞雄（2005）.『現代英文法講義』　東京：開拓社，945pp.

3）　Jackendoff, R. (1983). Semantics and Cognition. Cambridge, MA: MIT Press.

4）　Jackendoff, R. (1990). Semantic structures. The MIT Press, 1990.

5）　Rapoport, T. R.and B. Levin, B. (1988). 'What to do with theta-roles', in W. Wilkens (ed.), Thematic Relations.New York: Academic Press, 7-36.

6）　Hanazaki, M. (2007). "The "Habitat Segregation" of the Polysemous Prepositions Denoting  a Higher Position" JELS 21, pp. 201-202.

7）　Quirk, Crystal, Quirk, Randolph, & Crystal, David. (1985). *A Comprehensive grammar of the English language / Randolph Quirk ... [et al.] / index by David*

*Crystal*. London: Longman.

8) 和田優美・田中江扶 (2011).「Get, Have, Make 使役の関係について—素性を用いた形式的アプローチ—」,『信州大学教育学部研究論集4』pp, 153-166.

9) 久野暲・高見健一 (2007).『英語の構文とその意味』 東京：開拓社, 322pp.

10) Bolinger, D. (1977). *Meaning and form /Dwight Bolinger.* (English language series ; 11). London: Longman.

11) Fujiwara, T. et. al. (2015). "A Study on Causative *HAVE* and Passiveness through a Comparison between English and Japanese" *Perspective Proceedings of HUIC International Conference on Arts and Humanities* 2015.

12) Washio, R. (1993). "When Causatives mean Passive: A cross-linguistic perspective" *Journal of East Asian Linguistics* Vol 2, Issue 1, pp 45-90.

13) Festinger, L. (1957). A Theory of Cognitive Dissonance. Stanford, CA: Stanford University Press.

14) Takekuro, M., M. Hanazaki, T. Fujiwara, M. Isobe, et al. (2015). Presentation in IPRA    Conference 2015 held in Antwerp, 2015. 7.

15) Rapoport, T. R.and B. Levin, B. (1988). 'What to do with theta-roles', in W. Wilkens (ed.). Thematic Relations. New York: Academic Press, 7-36.

16) Pustejovsky, James. (1991). "The Syntax of Event Structure", *Cognition* 41, 47-81.

17) 影山太郎 (1996).『動詞意味論：言語と認知の接点』 5巻、くろしお出版.

18) 淺尾仁彦 (2007).『意味の重ね合わせとしての日本語複合動詞』京都大学言語学研究 (2007), 26：59-75.

19) Langacker, R. W. (1991). Foundations of Cognitive Grammar, vol. 2：Descriptive Application, Stanford University Press, Stanford.

20) Langacker, R. W. (1998). "On Subjectification and Grammaticization," Discourse and Cognition: Bridging the Gap, ed. by J.-P. Koenig, 71-89, CSLI Publications, Stanford.

21) 清水啓子 (2009).『認知言語学における現象学的視点』Language Issues: the International Journal of the Academic Information and Media Center 第13, 14, 15合併号 (第1号).

22) Genius English-Japanese dictionary Fourth Edition (2014) Tokyo: Taisyukan.

# 第5部
# その他

第5部　第1章

# 松本大学教育学部1期生と奇跡的に出会うまでの増田の教育関係の軌跡

増　田　吉　史

算数概論授業風景

2017年4月、松本大学教育学部1期生と出会った。
真剣に学ぼうとする熱心な学生たちに感心。
松本市には若い頃スキーや観光で訪れた記憶はあるが、通過しただけだったかも知れない。でも、この偶然の出会いはすばらしく貴重だ。

〈一期生のゼミ生の実家にて〉
干し柿農家だが、今年は収穫の手が足りないと言うので、ゼミ生で収穫を手伝った。
日本全国沢山旅行してきたが、この旅は本当に楽しかった。

飯田市渋柿畑

近くを飯田線が走り「市田」という駅が最寄り駅だ。
ああ、だから市田柿なんだ。
お恥ずかしい話、無知は私だけと思ったが、東京の人間は知らないまま、市田柿をおいしく頂いている人が多いと思う。

松本大学教育学部1期生と奇跡的に出会うまでの増田の教育関係の軌跡

増田学生時代　ゼミ風景

〈大学1年生〉
松本大学で学生達に出会うためには、まずは私が大学で、小学校教育を学ばねばならない。
今の学生達と同じ年齢の私。受験勉強しなかったから、東京学芸大学に入学した。
これが小学校教師への道の第一歩。

増田　大学入学当時

増田、大学図書館にて。結構まじめに勉強しているふりをしている。

〈初任者〉
小学校教師第1日目。
学校がクラスの集合写真を撮ってくださったのに、我が3年4組だけは整列できない。
うれしくって、うれしくって。大騒ぎ。
これが教師生活のスタートの日。

253

〈20代教員〉
教師3年目で高学年担任に。
遠足の写真
このときもまだ並べない。みんな私の近くに来たくってこの有様。
（東京都葛飾区立小学校5年）

小学校卒業後20年たった同窓クラス会。30歳過ぎた参加者たちに、上の遠足の写真と同じ位置にならんでもらった。
あまり変わってないので笑ってしまう。
（東京・新小岩駅周辺の居酒屋にて）

〈20代教員〉
教師4年目。6年生担任。
日光移動教室にて。
日光の歴史など解説すると、観光客が寄ってきて耳をそばだてる。しっかり予習してきてよかった。
（栃木県・日光東照宮にて）

松本大学教育学部1期生と奇跡的に出会うまでの増田の教育関係の軌跡

〈20代教員〉
職員旅行で赤城山にて。
校長先生と養護教諭の先生、立て続けにがんで逝去。本当にお世話になりました。
教職は多くのすてきな人たちとの出会いが多い。この写真を見ると涙。
（群馬県・赤城山の大沼にて）

〈20代教員〉
結局8年連続、5年6年担任4回。
これって体罰です。
でも、この写真を父親参観で見せたら父親達が喜んで、おやじの会が出来た。
でも体罰は絶対にだめ。
（東京都葛飾区立小学校校庭）

〈30代教員〉
葛飾区という下町に11年。続いて千代田区永田町。都心の学校で10年。
ここでもほとんど5年6年担任。
テニスコート大で、土がない校庭。
（東京都千代田区立小学校校庭）

〈30代教員〉
毎年率先して研究授業。
大学では数学科だったので、小学校算数教育の研究にとり組む。
（東京都千代田区立小学校）

〈30代教員〉
東京都海外派遣（長期・1月以上）。全額東京都負担。勉強にもなったし、楽しかった。
都教委のサバイバルのターゲットにされ、ホームステーの実験台。
英語がだめでも何とかなるからおもしろい。
　　　　（アメリカカリフォルニア州）

ホームステー　英語で会話…

ホームステー　なんとかなるさ

即興で授業

〈40代教員〉
教頭になった。朝の職員打ち合わせが終わると広い職員室に一人ぽつんと残される。そこに事務員が大量の書類を持ってくる。教師生活のリズムが違い調子が狂う。校舎は7階建て。幼稚園保育園、敬老福祉施設が入る複合型校舎。地下は、温水プール。土が全くない。
　　　　　　　　　　　　　　（東京秋葉原にある千代田区立小学校）

増田教頭　書類の処理で時間が進む

複合型校舎　地下は温水プール

松本大学教育学部1期生と奇跡的に出会うまでの増田の教育関係の軌跡

〈40代教員〉
市教委指導主事
学校訪問。課題解決に奔走の日々。
（東京都東久留米市教育委員会指導室）

〈40代教員〉
東京都教育委員会　都立教育研究所
教員採用試験の仕事
　　（東京都立教育研究所教科教育部長室）

〈50代〉
校長に。
（東京都三鷹市立小学校）

文部科学省研究指定校研究発表。
大雨の日でも800人が集まる。
　　　　（東京都三鷹市立小学校）

257

校ちょうせんせいといっしょだよ

校ちょうせんせいは、すごいんだ。
休みじかんに、いっしょにあそんでくれるよ。
すごくつよいボールがとぶんだ。
校ちょうせんせいは、やさしいよ。
あくしゅしたり、タッチしたりする校ちょうせんせいの手は、とってもあたたかい。
べんきょう、きゅうしょく、おそうじのじかんにがんばっているところを見にきてくれるととてもうれしくなるよ。
林しの森では、大すきな校ちょう先生や二年生といっしょにあそんでたのしかったな。
校ちょうせんかいのおはなしもすき。
ぜん校ちょうかいのおはなしは。
「あ、い、う、え、お…」のじゅんばん。
こんどはなんのことばかな。
いつもにこにこしている
校ちょう先生、大すき。
もっとなかよくなりたいな。
いつまでも、いっしょにいたいな。

再び都心の学校に。
でもやることは同じ、1年生遠足の付き添い。（東京都港区立小学校）

校長になっても授業
がやりたくて
　　（東京都墨田区立小学校）

松本大学教育学部1期生と奇跡的に出会うまでの増田の教育関係の軌跡

十文字学園女子大学教授に
松本大学と同じ小学校教員養成の
学科新設1年目。
7年間も副学長。
結構忙しかった。
（埼玉県十文字学園女子大学）

さあ、2018年4月入学の二期生とも出会って。

2019年

【著者紹介】

# 小学校社会科「みんなにやさしい」価値判断の授業方法
― アクティブ・ラーニングを実現する授業 ―

【著者】

秋田　真

Ａ５判・112頁

定価 1,500円＋税

Design Egg

　小学校の社会科では，社会において論争となっている問題を取り上げ「どっちを選択するべきか？」や「どのように判断するべきか？」といった授業が見られます。
　しかし，そのような授業を何のために行うのでしょうか？　そして，どのようなことに気をつけて行わなければならないのでしょうか？
　本書では，先に述べた授業において，社会的に弱い立場にある人々をも含めた市民一人一人の立場で考える「社会的包摂」を中心に構成した実践例を掲載しています。実践例は，平成29年度告示の小学校学習指導要領に沿った展開，いわゆるアクティブ・ラーニングの視点に立って構成した展開としました。

― お求めは amazon・全国有名書店で ―

〈目次〉

はじめに

## 第Ⅰ章　価値と小学校社会科授業

1　価値の定義
2　小学校社会科における価値判断学習の取組
3　授業展開と学習指導要領との関わり

## 第Ⅱ章　包摂主義の観点を基軸とした価値

1　現代に相応する価値類型の在り方
2　包摂主義の観点を基軸とした価値類型の特質
3　価値類型に基づいた小学校社会科授業実践

## 第Ⅲ章　包摂主義内対立型授業の紹介

1　価値の概要
2　財の配分かケイパビリティーの拡充かを問う
　　―青年海外協力隊の支援の在り方について（第6学年）―
3　実践分析と考察
4　本実践の全授業記録

## 第Ⅳ章　非包摂主義内対立型授業の紹介

1　価値の概要
2　女性議員の実質的平等か形式的平等かを問う
　　―議員クオータ制実現の是非について（第6学年）―
3　実践分析と考察
4　本実践の全授業記録

## 第Ⅴ章　包摂主義対非包摂主義対立型授業の紹介

1　価値の概要
2　未来補償か現状保護かを問う
　　―ダム建設の是非について（第4学年）―
3　実践分析と考察
4　本実践の全授業記録

おわりに
参考文献一覧

# 執筆者紹介

**川島　一夫**（かわしま　かずお）

教育学部長・教授。信州大学名誉教授。研究分野は、発達心理学、社会性の発達、生徒指導・教育相談。1975年東京教育大学大学院教育学研究科修士課程修了。1978年東京教育大学大学院教育学研究科博士課程修了。1990年教育学博士（筑波大学）。

**岸田　幸弘**（きしだ　ゆきひろ）

学校教育学科長・教授。専門分野は学校心理学、特別活動、生徒指導。昭和女子大学大学院生活機構研究科修了。博士（学術）。長野県公立小中学校教諭、長野県教育委員会指導主事、昭和女子大学人間社会学部初等教育学科准教授を経て現職。主な著書に『子どもの登校を支援する学校教育システム』（福村出版、2015）、『実践グループカウンセリング』（共著）（金子書房、2010）など。男声合唱とアマチュア無線というマイナーな趣味をこよなく愛している。愛車は平成2年製のいすゞ『ビッグホーン』。

**今泉　博**（いまいずみ　ひろし）

教授。北海道教育大学卒業。東京都公立小学校教員、北海道教育大学教授・副学長を経て現職。専門は教師教育、授業論。主な著書に『集中が生まれる授業』（学陽書房・2002）、『指名しなくてもどの子も発言したくなる授業』（学陽書房・2005）、『不登校からの旅立ち』［共著］（旬報社・2006）、『なぜ小学生が“荒れる”のか』［共著・電子書籍］（太郎次郎社・2015）など。

**大石　文朗**（おおいし　ふみお）

教授。米国州立 University of Hawaii at Manoa 経済学部卒業。米国州立 San Francisco State University 大学院教育学研究科修了。名古屋大学大学院教育発達科学研究科博士前期課程修了。名古屋市立大学大学院人間文化研究科博士後期課程修了、博士（人間文化）。米国 NPO 法人にて所長として米国駐在勤務の後、愛知江南短期大学教授、金城学院大学教授を経て現職。主な著書

に『第二言語習得理論の視点からみた早期英語教育に関する研究…小学校英語教育に対する提言の試み…』〔単著〕(三恵社・2017)、『現代アメリカ移民・第二世代の研究』(翻訳本)〔共著〕(明石書店・2014) など。

## 小島　哲也（こじま　てつや）

教授。専門分野は特別支援教育、障害児・者のコミュニケーション支援。京都大学大学院理学研究科博士後期課程単位取得退学(理学博士)。ストックホルム大学教育学研究所客員研究員、信州大学学術研究院(教育学部) 教授などを経て、2017年4月より現職。主な著書に『チンパンジーの言語研究』(翻訳)(ミネルヴァ書房、1992)、『PICOT コミュニケーションブック(イラスト編)』(監修)(NPO 法人 AAC サポート、2010) など。

## 小林　敏枝（こばやし　としえ）

教授。信州大学大学院教科教育専攻保健体育専修修士課程修了。専門分野は特別支援教育・パラスポーツ・スポーツ科学。清泉女学院短期大学幼児教育科教授を経て2017年4月より現職。主な著書に『医療スタッフのためのムーブメントセラピー』(メディカ出版) がある。「長野県障がい者施策推進協議会障がい者スポーツ部会部長」「日本パラアーティスティックスイミング協会副会長」「長野市社会福祉審議会委員」などを務める。趣味は、水泳・スキューバーダイビング(バリアフリーダイビング)。

## 羽田　行男（はねだ　ゆきお）

教授。専門は臨床心理学、発達心理学、教育相談。臨床心理士、公認心理士、高知ギルバーグ発達神経精神医学センター研究員。東京学芸大学大学院教育学研究科修了(教育学修士)、早稲田大学大学院教育学研究科単位取得退学。主な著書に、『「気がかりな子」の理解と援助』〔分担執筆〕(金子書房・2005)、『早わかり教育人名小事典』〔分担執筆〕(明治図書・2005)、『学校教育辞典(第3版)』〔分担執筆〕(教育出版・2014) など。

増田　吉史（ますだ　よしふみ）

教授。十文字学園女子大学名誉教授・前十文字学園女子大学副学長（教授）・日本基礎教育学会会長・日本数学教育学会特別会員・新算数教育研究会員・前東京都公立小学校長（港区・墨田区・三鷹市）・前東京都立教育研究所教科教育部長・前東京都教育委員会統括指導主事・前東京都東久留米市教育委員会指導主事・前東京都公立学校教頭（千代田区）・前東京都小学校教諭（千代田区・葛飾区）。算数数学教育関係著書多数・学校経営関係著書多数。

守　一雄（もり　かずお）

教授。筑波大学大学院心理学研究科修了教育学博士。信州大学教育学部教授、東京農工大学大学院工学研究院教授を経て、2017年4月より現職。主な著書に『認知心理学』（岩波書店、1995）、『やさしいPDPモデルの話』（新曜社、1996）、『チビクロこころ：中学生高校生のための心理学入門』（北大路書房、1999）、『中学生の数学嫌いは本当なのか』（北大路書房、内田昭利と共著、2018）、『教職課程コアカリキュラムに対応した教育心理学』（松本大学出版会、2019）など。

秋田　真（あきた　しん）

准教授。専門分野は教育学（社会科教育）。弘前大学大学院地域社会研究科後期博士課程修了、博士（学術）。主な著書に『小学校社会科「みんなにやさしい」価値判断の授業方法 ―アクティブ・ラーニングを実現する授業―』（単著・デザインエッグ社・2019）、日本文教出版小学校社会科検定教科書執筆委員。

國府田　祐子（こうだ　ゆうこ）

准教授。教育学修士。専門分野は国語科教育学。日本言語技術教育学会理事。教育現場における経験をベースとして、社会に出て役に立つ実践的な国語科教育を目指している。主な著書に『はじめて学ぶ人のための国語科教育学概説　小学校』〔明治図書出版、2018、分担執筆〕など。

澤柿　教淳（さわがき　きょうじゅん）
准教授。専門分野は理科教育学。富山大学大学院人間発達科学研究科修了、修士（教育学）。主な著書に『発想を育てる理科の授業』［分担執筆］（初教出版・1992）、『動物の教材開発と指導のアイデア』［分担執筆］（明治図書・1996）、『対話が授業を変える』［分担執筆］（富山大学出版会・2008）、『子どもが思考を組み替えるとき』［分担執筆］（東洋館出版・2013）など。


征矢野　達彦（そやの　たつひこ）
准教授、教育学部教職センター会議議長、専門分野は道徳教育、国語科教育学。二松学舎大学文学部中国文学科卒、文学士。長野県公立中学校教諭、長野県公立小・中学校校長を経て現職。長野県道徳教育学会会長。主な著書に『資料解説　教育時事・主要教育法令』〔共著〕（松本大学教職センター2012）、『「熟議」方式を活用した「教職実践演習」』〔共著〕（松本大学教職センター　2014）など。


濱田　敦志（はまだ　あつし）
准教授、全学学生委員会委員長。軟式野球部部長。専門分野は体育科教育学。千葉大学 教育学研究科 教育科学専攻　芸術・体育系 修士課程修了。千葉市公立小学校教諭を経て現職。主な著書に『子どもとともにつくる体育の授業』（創文企画・2013）『動きの「感じ」と「気づき」を大切にした陸上運動の授業づくり』（教育出版・2012）など。子どもが夢中になる体育授業デザインを研究。"賢いからだ"の育成を目指している。


和田　順一（わだ　じゅんいち）
准教授。専門分野は英語教育学、第二言語習得、早期英語教育。主な著書に『イングリッシュ・キャンプを経験した小学生の態度と気持ちの変化―3年間のイングリッシュ・キャンプの実施を通して―』（2018・中部地区英語教育学会紀要第47号）など。

## マーメット　ショーン　コリン（MEHMET　SEAN　COLLIN）

Sean Collin Mehmet teaches at Matsumoto University's Faculty of Education. He is concurrently a doctoral candidate at the University of Southern Queensland, Australia. His doctoral research involves examining the extent to which the Developmental Model of Intercultural Sensitivity, the DMIS, can be used to uncover potential correlations between foreign language learners' intercultural sensitivity and their achievement on an international English language proficiency test, the TOEIC. He is a regular member of the Japanese branch of the Society for Intercultural Education, Training, And Research（SIETAR Japan）, as well as of The English Literary Society of Japan（ELSJ）.

## 安藤　江里（あんどう　えり）

専任講師。専門分野は音楽教育。松本市出身。東京学芸大学教育学部、同大学院教育学研究科修士課程修了。ロータリー奨学生としてウィーン国立音楽大学コレペティ科及びリート伴奏科に留学。声楽の伴奏を中心とした演奏活動、合唱団及びオペラの練習ピアニストをつとめる。保育者・小学校教員養成大学及び短大の専任、非常勤講師を経て現在に至る。主な研究領域はわらべうたによる保幼小接続、身体活動を取り入れた表現力の育成、合科的・関連的な指導と教材開発など。

## 大蔵　真由美（おおくら　まゆみ）

専任講師。専門分野は教育学、社会教育学、文化政策。名古屋大学大学院教育発達科学研究科博士課程後期課程満期退学。修士（教育学）。岐阜県公立小学校教諭、東海学院大学短期大学部講師を経て現職。

## 佐藤　茂太郎（さとう　しげたろう）

専任講師。専門分野は、算数数学教育学。主な著書は『高学年　研究授業で使いたい！算数教材20』［分担執筆］（東洋館出版社・2012）など。信州大学大学院教育学研究科在学中。学校数学で使用される教科書研究を中心に研究活動を進めている。ICMT（University of Paderborn, Germany）で発表予

定。講師含め公立小学校で15年の経験を生かした指導を展開。趣味は、家族でキャンプに行くこと、ウォーキング、ジョギングである。座右の銘は「己を壊し続けること」。

内藤　千尋（ないとう　ちひろ）
専任講師。専門分野は特別支援教育・特別ニーズ教育。東京学芸大学大学院連合学校教育学研究科博士課程発達支援講座修了、博士（教育学）。東京学芸大学プロジェクト専門研究員、白梅学園大学子ども学部助教などを経て現職。

藤原　隆史（ふじわら　たかふみ）
専任講師。高等学校の英語教師として15年以上勤務。信州大学人文科学研究科修了。修士（文学）。ロンドン大学教育研究所（University College London, Institute of Education）に留学し、Distinction を得て修了。応用言語学修士。ケンブリッジ大学英語検定機構が提供する英語教授資格である Cambridge CELTA を取得。専門は認知言語学・応用言語学。特に、認知言語学の知見を英語教育に活かすための研究や論理的思考能力と英語力との関係等について研究。好きな作曲家はグスタフ・マーラー。

# あとがき

　松本大学では総合経営学部や人間健康学部においても教員免許取得の課程を設置しています。前者では、中学：社会、中高：公民・商業・情報、後者では、栄養教諭、養護教諭、中高：保健体育がこれに該当しており、再課程認定の申請も既に終了しています。これらの課程を修了し、長野県を中心に県外でも教員採用試験に合格するなど、非常勤も含め教壇に立っている卒業生は130名を超えています。

　こうした実績を背景に、松本大学に教育学部が開設されたのは、2017年4月のことでした。現在3期生が入学している段階で、未だ卒業生を輩出していないため、教育学部としての教員採用実績は出ていません。

　このような状況ですので教育学部における教育内容を、高校生は当然のことながら、進路指導の先生方にもお伝えすることの難しさを感じています。パンフレット等を発行して、教育理念や教育手法などを紹介していますが、それだけでは実態がなかなか見えてきません。

　そこで、教育学部の専任教員の人柄や、教師時代の経験、松本大学での日々の生活とそこから派生する問題への取り組み、あるいは専門性を活かした研究活動や執筆論文の紹介などを、「エッセイ」「学部における教育活動」「現在の問題意識」「研究内容」などのフィールドに区分して教員の姿を示すことができれば、教育学部のイメージを膨らませていただけるのではないかと考えました。

　全専任教員が執筆していますので、多士済々の陣容で運営されていることがご理解いただけると思います。

　本学教育学部は、少人数教育により学生の反応を見ながら臨機応変な対応を行っている上、他学部と同じように教職員と学生との距離が近く、いつでも気軽に相談ができる環境にあります。小規模であるからこその、学生一人一人に対応したきめ細かな教育が大きな特色です。

　本書が松本大学教育学部のご理解に役立つことを望んでおります。

　2019年5月30日

　　　　　　　　　　　松本大学　学長　　住　吉　廣　行